Research on High-Quality Development of
Regional Economy in the New Era

新时代区域经济
高质量发展研究

熊升银　蒋　平　吴代彬 ○ 著

西南财经大学出版社
Southwestern University of Finance & Economics Press
中国·成都

图书在版编目(CIP)数据

新时代区域经济高质量发展研究/熊升银,蒋平,吴代彬著.—成都:西南财经
大学出版社,2023.6
ISBN 978-7-5504-5780-5

Ⅰ.①新… Ⅱ.①熊…②蒋…③吴… Ⅲ.①区域经济发展—研究—四川
Ⅳ.①F127.71

中国国家版本馆 CIP 数据核字(2023)第 088442 号

新时代区域经济高质量发展研究

XIN SHIDAI QUYU JINGJI GAO ZHILIANG FAZHAN YANJIU

熊升银 蒋 平 吴代彬 著

责任编辑:李 才
责任校对:周晓琬
封面设计:何东琳设计工作室
责任印制:朱曼丽

出版发行	西南财经大学出版社(四川省成都市光华村街55号)
网 址	http://cbs.swufe.edu.cn
电子邮件	bookcj@ swufe.edu.cn
邮政编码	610074
电 话	028-87353785
照 排	四川胜翔数码印务设计有限公司
印 刷	郫县犀浦印刷厂
成品尺寸	170mm×240mm
印 张	12
字 数	196 千字
版 次	2023 年 6 月第 1 版
印 次	2023 年 6 月第 1 次印刷
书 号	ISBN 978-7-5504-5780-5
定 价	68.00 元

序

　　党的二十大报告指出："高质量发展是全面建设社会主义现代化国家的首要任务。"高质量发展，是新时代中国经济发展的鲜明主题。抓好高质量发展是推进中国式现代化建设的必然要求。改革开放以来，我国坚持以经济建设为中心，人民生活富起来，靠的是发展；党的十八大以来，贯彻新发展理念，第一个百年奋斗目标如期实现，靠的是发展；全面建设社会主义现代化国家，实现强国大业，还要靠发展。只有抓好发展，抓好高质量发展，才能满足人民对美好生活的向往，才能实现我国全面建设社会主义现代化国家目标。我们站在全面建设社会主义现代化国家的新起点，即将开启中国高质量发展新征程。

　　当前中国经济已经从"速度经济"转向"质量经济"。要实现高质量发展，必然要求加快质量变革、效率变革和动力变革。区域经济高质量发展是破解当前人口、资源、环境与经济社会协调可持续发展的困境，促进国家经济治理体系不断完善的重要举措。因此，区域经济高质量发展研究应结合当前我国构建现代化经济体系新形势，打破传统区域增长理论的长期束缚，在实践探索中开拓创新。新发展格局的构建对区域经济高质量发展提出了新的要求，区域经济高质量发展又是经济领域的具体行动，是长期以来我国区域发展路径的更加全面的转型升级。目前，学界对我国各地区经济高质量发展的条件、阶段、路径和进程进行了相关研究，但从多维度、多层次、多视角阐述新时代区域经济高质量发展成果的较少。令人欣喜的是，西南医科大学人文与管理学院熊升银博士、西南科技大学马克思主义学院蒋平博士、泸州职业技术学院吴代彬学者经过近三年时间的努力，使得《新时代区域经济高质量发展研究》这部富有新时代特色的学术专著顺利完成。具体而言，该专著至少有以下三大方面的显著特点：

第一，该书主线清晰、结构合理、内容翔实、论证严谨。以区域经济高质量发展"内涵逻辑—指标体系—测度与趋势预测—时空分析"为逻辑主线，从高质量发展的概念出发，探讨区域经济高质量发展的内涵；构建符合新时代要求的区域经济高质量发展水平测度体系，在此基础上利用熵值法对研究期内的省域经济高质量发展水平进行评价，采用灰色预测模型进行趋势分析；再采用探索性空间数据分析等方法揭示研究期内区域经济高质量发展的时空差异特征；在此基础上有针对性地提出促进区域经济高质量发展的对策建议。

第二，明确界定新时代区域经济高质量发展的内涵和评价指标体系。将新时代区域经济高质量发展的内涵界定为：在习近平新时代中国特色社会主义思想的指导下，坚持以经济增长稳定为基础，以创新驱动发展为核心，以区域协调融合为内在要求，以对外开放深化为重要动力，以生态环境优美为必经之路，最终实现人民生活幸福美满，从而推动中国经济提质增效；另外，基于习近平经济思想，构建经济增长稳定、创新驱动发展、区域协调融合、对外开放深化、生态环境优美、人民生活幸福六个维度的新时代区域经济高质量发展评价指标体系。

第三，结合省域实际，对四川省域经济高质量发展水平进行测度和时空特征分析。利用建立的四川省域经济高质量发展综合评估指标，采用熵值法和主成分分析法对四川省域经济高质量发展水平进行评估，利用 GM（1，1）模型对 2021—2030 年四川省域经济高质量发展情况进行预测。在此基础上以"时间和空间"为切入点，运用空间自相关法、变异系数法、核密度估计法等方法，探讨 2012—2020 年四川省域经济高质量发展的时空特征和演变规律，以期为推动区域经济高质量发展提供决策参考。

当然，本书是一部创新探索之作，难免存在不足，甚至存在错误。我认同本书作者的看法，比如关于新时代区域经济高质量发展的评估指标体系有待完善、典型案例有待挖掘、选取的研究对象有待进一步缩小等。尽管如此，瑕不掩瑜，本书仍不失为一项优秀的研究成果。我对于他们的著作公开出版感到由衷的高兴。我相信熊升银博士、蒋平博士、吴代彬学者一定能百尺竿头，更进一步，向科学的高峰继续攀登。

是为序。

西南财经大学教授、博士生导师

王学义

2023 年 1 月于光华园

前言

进入新时代，中国经济发展被赋予新的要求和内涵，经济高质量发展越来越成为党和政府关注的重大议题。2017 年党的十九大首次出现关于高质量发展的表述"我国经济已由高速增长阶段转向高质量发展阶段"之后，关于"经济高质量发展"的话题引起了学术界的广泛关注，也得到了实际工作者的热烈响应。党的二十大报告指出，高质量发展是全面建设社会主义现代化国家的首要任务。笔者深信，如何不断深化对区域经济高质量发展的认识，进而实现中国区域经济提质增效，是非常有研究价值的课题。区域经济高质量发展研究的当务之急是深化理论研究的创新和加速实证研究方法的突破。科学的实证方法是推动理论转化为实践的前提，二者相辅相成。

本书的主要内容共有三个方面：一是对新时代区域经济高质量发展的理论研究。本书对相关概念和研究框架、理论推导做了新的拓展和深化。例如阐明了新时代的内涵与特征、区域与区域经济的内涵、经济增长与经济发展的内涵及相互关系；分析了高质量发展的内涵、特征和三个转变；梳理了新时代区域经济高质量发展的实践过程和典型案例；阐述了新时代区域经济高质量发展的内涵和理论推导。二是对新时代区域经济高质量发展实证研究方法的设计。基于习近平经济思想，构建包括经济增长稳定、创新驱动发展、区域协调融合、对外开放深化、生态环境优美、人民生活幸福六个维度的区域经济高质量发展测度体系和测度模型。三是以四川省为例，对新时代区域经济高质量发展状况进行实证分析。利用熵值法和主成分分析法对四川省域经济高质量发展水平进行评估，利用 GM（1，1）模型对 2021—2030 年四川省域经济高质量发展情况进行预测。另外，以时间和空间为切入点，运用空间自相关法、变异系数法、核密度估计法等方法，探讨 2012—2020 年四川省域经济高质量发展的时空特征和演变规律。

总体而言，本书对区域经济高质量发展理论的深入研究具有一定的学术价值，实证研究方法具有实际应用价值，对四川省的具体分析具有较强的研究示范价值和实践指导意义。完成这样的研究实属不易，笔者从 2018 年起就一直关注"高质量发展"领域研究，近几年一直从事教学科研管理工作，也对"经济高质量发展"做了一些微不足道的研究。通过近五年的思考和总结，这本学术专著《新时代区域经济高质量发展研究》即将付梓，笔者深感欣慰。这是一本关于经济高质量发展的理论和实证研究的专著，希望本书的理论观点和实证方法对相关领域学者的理论研究和实证分析有一定的参考价值，也能够为政府相关部门制定加快促进经济高质量发展的战略、规划和政策提供理论和实践依据。

在本书撰写过程中，笔者曾多次与高校、科研机构、政府部门的相关专家学者交流探讨，得到很多启迪。在此，特别感谢西南医科大学刘毅教授、朱小平教授、唐雁副处长、代凤玲博士、熊伟副教授、赵成文教授、陈屹博士、谷满意教授、李彦教授、马俊副研究员、周佳博士、马飞博士、李平瑞博士、王启凤博士、胡伟力博士、万美君博士、彭煦副教授、任泽娟老师、高远云老师、王刚老师、李响老师、刘欣老师、刘显红老师，以及泸州职业技术学院的贺元成教授、陈光玖教授、曾庆双教授、唐亮博士、王素玲副教授、郭子云老师、李丽老师、李祖春老师等学者提出宝贵意见。非常感谢辽宁师范大学论于超博士、四川省社科院尹业兴博士，他们为本书的写作提供了计量经济学方面的技术指导。感谢2020级市场营销专业本科生于国龙、周泽珍、唐云等同学，他们为搜集资料不辞辛劳。

感谢西南财经大学出版社的编辑李才老师。为了保证本书顺利出版，李老师付出了太多时间和精力，李老师对工作的耐心和细心让我深深感动。本书撰写过程中还受益于其他老师、同学和朋友，在此无法一一列举，只有将你们珍藏于心，默默感谢。

本书的出版得到了西南财经大学泸州市人民政府战略合作项目"十四五时期泸州市县域经济高质量发展的思路与对策"（2020XCLZ03）、四川省重点社会科学研究基地沱江流域高质量发展中心项目"沱江流域经济高质量发展综合评价与时空演化研究"（TJG-ZL2021-07）、四川省社会科学重点研究基地四川县域经济发展研究中心项目"共同富裕视角下四川县域经济高质量发展的实践路径研究"（xy2022047）、四川省第二批"三全育人"综合改革试点院系项目"'三破、三拓、四提升'，创建伞形立体育人模式"（2021SC05）以及四川省思想政治教育研究课题"统筹推进高校课程思政与思政课程建设研究"（SZQ2022009）的资助，在此一并感谢。

谨以此书献给热爱经济学研究的老师和同学！受笔者水平所限，书中不妥之处在所难免，诚望读者指正。

熊升银　蒋平　吴代彬

2023 年 3 月于中国酒城

目录

1 绪论

1.1 研究背景

1.1.1 我国的人口数量、质量和结构发生变化

人口是经济发展的基础性、全局性、战略性要素。2020 年的第七次全国人口普查数据，揭示了我国人口变化趋势。我国历来高度重视人口结构性矛盾，着力清除未来发展中人口因素可能形成的障碍，推动我国经济提质增效。2011—2020 年这 10 年间，我国的人口数量、质量和结构发生如下变化：

1. 人口规模保持平稳增长

第七次全国人口普查数据表明，虽然我国人口总量增速放缓，但仍然保持了平稳增长。2020 年，我国总人口达到 14.1 亿人，约占全球总人口的 18%，仍然是世界第一人口大国。过去 10 年间，我国人口实现了从13 亿人到 14 亿人的跨越，人口总量增加了 7 206 万人，比 2010 年增长了5.38%，年均增长 0.53%，略低于上一个 10 年 0.57% 的平均增长率。当前我国人口总量保持了继续增长态势，主要有以下原因：一是我国人口基数大，目前还有 3 亿多育龄妇女，每年能够保持 1 000 多万人的出生人口规模。二是生育政策调整取得积极成效。回顾下近年来我国的人口生育政策，2013 年 11 月 15 日，中共十八届三中全会通过的《中共中央关于全面深化改革若干重大问题的决定》对外发布，标志着"单独二孩"政策的正式实施。2015 年 10 月 29 日中共十八届五中全会决定，全面实施一对夫妇可生育两个孩子政策；2021 年 7 月 20 日《中共中央 国务院关于优化生育政策促进人口长期均衡发展的决定》公布，标志着"三孩"政策的实施。

这些生育政策的不断调整助推我国出生人口的数量快速回升。三是少儿人口数量和比重上升。2020年我国0~14岁少儿人口数量达到了25 338万人,比2010年增加了3 092万人,比重上升了1.35个百分点。四是人口预期寿命持续延长。随着社会经济的发展,人民生活水平不断提高,医疗卫生条件大幅改善,人民群众健康条件亦明显改善,人民对生活质量日益重视,这使得我国年度死亡人口一直少于出生人口。我国人口平均预期寿命不仅明显高于世界平均水平,人口总量也保持了增长的态势。

2. 人口质量不断提升

第七次全国人口普查数据表明,我国人口受教育水平明显提高,人口的素质不断提升。15岁及以上人口的平均受教育年限从2010年的9.08年提高至9.91年;16~59岁劳动年龄人口平均受教育年限从2010年的9.67年提高至10.75年。具有大学文化程度的人口为21 836万人,文盲人口(15岁及以上不识字的人)为3 775.02万人,与第六次全国人口普查相比,文盲人口减少1 690.64万人。受教育状况的持续改善,表明我国近十年来大力发展高等教育以及扫除青壮年文盲等措施取得了积极成效,人口素质不断提高。另外,人口质量提升对经济高质量发展有着重要的支撑作用。随着人口素质提高,"人口红利"逐步向"人才红利"转变,中国人口资源优势将得到有效发挥,会进一步促进经济发展方式转变、产业结构升级、全要素生产率提高,推动人口和经济社会持续协调、健康发展。

3. 老龄化进程明显加快

第七次全国人口普查数据表明,2020年,我国60岁及以上人口的比重达到18.70%,其中65岁及以上人口的比重达到13.50%。我国人口老龄化呈现以下基本特点:一是老年人口规模庞大。我国60岁及以上人口有2.6亿人,其中,65岁及以上人口1.9亿人,6个省份的老年人口超过1 000万人。二是老龄化明显加快。相比2010年,60岁及以上和65岁及以上人口比重分别上升了5.44个百分点、4.63个百分点,上升幅度分别提高了2.51个百分点和2.72个百分点。三是老龄化水平城乡差异明显。全国乡村60岁及以上、65岁及以上老人的比重分别为23.81%、17.72%,比城镇分别高出7.99个百分点和6.61个百分点。四是人口预期寿命持续延长。2020年我国80岁及以上人口有3 580万人,占总人口的比重为2.54%,比2010年提高了0.98个百分点。人口老龄化发展到一定程度,将会导致劳动年龄人口占比的下降。基于此,我国要积极应对人口老龄化，不断完善养老服务体系，促进老年健康；要深度挖掘人口的二次红利，由数量优势向质量优势转变，建立灵活的退休机制，完善长期照护服务与保障体系，努力创建老年友好社会，从而减少人口老龄化经济高质量发展的负向影响。

4. 人口结构性矛盾突出

第七次全国人口普查数据表明，2020 年我国流动人口为 3.76 亿人，比 2010 年增长近 70%。从性别构成上看，由于生育政策的调整，我国出生人口性别比稳步下降，性别结构得到改善。2020 年总人口性别比为 105.1，与"六普"的 105.2 相比基本持平；从出生人口看，出生人口性别比 2020 年为 111.3，较 2010 年降低了 6.8；从城乡人口结构看，城镇常住人口增加了 2.36 亿人，常住人口城镇化率提高了 14.21 个百分点，比 2010 年的增幅又上升了 0.75 个百分点；从年龄构成上看，少儿人口数量增加，比重上升。0~14 岁少儿人口的数量比 2010 年增加了 3 092 万人，比重上升了 1.35 个百分点。"二孩"生育率明显提升，出生人口中"二孩"占比上升明显；从人口区域来看，东部地区人口占比提升，东部地区人口占 39.93%，中部地区占 25.83%，西部地区占 27.12%，东北地区占 6.98%，特别是东北地区相比 2010 年下降了 1.20 个百分点。人口持续向沿江、沿海地区和内地城区集聚，广东省、山东省的人口超过 1 亿人。人口流动趋势更加明显，流动人口规模进一步扩大，人口与空间资源配置更加合理。

1.1.2 我国产能升级与经济结构调整升级

1. 产能转型升级的需要

中国特色社会主义进入新时代，我国社会主要矛盾发生了重大变化，发展不平衡不充分是主要矛盾的主要方面，而不平衡不充分的发展就是发展质量不高的表现。产能转型升级，即向更有利于经济、社会发展方向发展。因此，我国要解决我国社会的主要矛盾，就必须抓矛盾的主要方面，推动高质量发展。既要重视量的增长又要重视质的提高，必须由传统的"重物轻人"转向"以人为核心"；经济社会发展的重心要逐步从重视经济规模的"高增速"（high-speed growth）转到提高效率和质量上来，实现"高质量"发展（high-quality development）成为新的发展主题。然而一些地区在发展中不断上马高耗能、高污染、不可持续的大项目，主要原因是

GDP充当了地方发展的主要考核指标，而唯GDP考核模式存在内在局限性，因它只关注经济产出而忽略了资本、劳动力以及资源的投入，更未考虑对环境造成的影响和治理环境所带来的高昂成本。近几年，虽然我国着力深化改革扩大开放，持续打好三大攻坚战，统筹稳增长、促改革、调结构、惠民生、防风险、保稳定，扎实做好"六稳"工作，经济运行总体平稳，发展水平迈上新台阶，但是仍然必须对一批能耗、环保、质量、安全、技术达不到标准和生产不合格产品进行淘汰。淘汰落后产能是优化产业机构、加快转变经济发展方式的重要途径。通过淘汰低产能改造成本，提高运营效率，在产能淘汰中培植新的增长点，推动我国产业结构转型升级和经济高质量发展。因此，我国应立足现有产业基础，聚焦细分领域，加快生产设备、关键环节智能化改造，推动传统产业转型升级、做大做强。只有产业结构与需求结构、要素结构协调适应，经济才能实现可持续发展。

2. 经济结构调整升级的需要

我国经济发展也进入了新时代，基本特征就是我国经济已由高速增长阶段转向高质量发展阶段。在关注经济增长时，更加重视经济的高质量发展，包括物价稳定、劳动力充分就业、居民增收、民生事业改善、经济结构优化、新动能成长、生态保护与可持续发展。推动高质量发展，是保持经济持续健康发展的必然要求，是适应我国社会主要矛盾变化和全面建设社会主义现代化国家的必然要求，是遵循经济和社会发展规律的必然要求。改革开放以来，虽然我国国民经济和社会发展取得了巨大成就，但是经济结构调整和转型升级还存在不平衡的问题，要推动我国经济在实现高质量发展上不断取得新进步，根本出路在于创新、促进产业结构转型升级。过去一度依赖劳动力、资本、资源和外部市场扩张支撑的增长方式面临拐点，只有实现高质量发展，才能适应科技的新变化、人民的新需要。如果实现不了高质量发展，就会徘徊不前甚至倒退。从经济发展道路的哲学视角看，经济发展是螺旋式上升的，而不是线性上升的，量积累到一定阶段，必须转向质的提升。要努力使经济增长从规模速度型、粗放增长型转向质量效率型集约增长，更加注重质量效益。因此，进入"十四五"时期，我国经济社会发展必须以习近平新时代中国特色社会主义思想为指导，全面贯彻党的基本理论、基本路线、基本方略，坚定不移贯彻新发展理念，促进经济结构不断优化升级，经济转向高质量发展阶段，从而推动经济发展质量不断迈上更高台阶。

1.1.3 "两个一百年"奋斗目标的最终归宿与愿景

1. 我国已经全面建成小康社会

至建党一百年，在中国共产党的领导下，中国全面小康社会建设之路取得了举世瞩目的伟大成就，实现了自己的庄严承诺。自新中国成立以来，实现社会主义现代化、建设社会主义现代化国家，一直是我们党领导人民为之奋斗的战略目标。习近平总书记指出："经过全党全国各族人民持续奋斗，我们实现了第一个百年奋斗目标，在中华大地上全面建成了小康社会，历史性地解决了绝对贫困问题。"① 在中国共产党的坚强领导下，我国在现行标准下 9 899 万农村贫困人口全部脱贫，832 个贫困县全部摘帽，12.8 万个贫困村全部出列，区域性整体贫困得到解决，完成了消除绝对贫困的艰巨任务，创造了又一个彪炳史册的人间奇迹②。党的十八大以来，我们党突出强调"没有农村的小康特别是没有贫困地区的小康，就没有全面建成小康社会"，将全面建成小康社会纳入"四个全面"战略布局中，全面建成了惠及 14 亿人口的更高水平的小康社会。在"五位一体"总体布局中推进全面建成小康社会，为实现中华民族伟大复兴提供更坚实物质基础和精神动力，使得贫困人口全面实现"两不愁三保障"及饮水安全有保障。精准帮扶政策得到了有效落实，产业、就业、健康、教育、危房改造、易地扶贫搬迁、社会保障、残疾人、生态扶贫等帮扶政策瞄定贫困人口精准发力。贫困地区基础设施和基本公共服务水平显著提高，对贫困人口全面实现脱贫提供了强有力的保障。教育文化设施及服务水平大幅提高，贫困家庭的孩子享受到更公平的教育机会。至此，我国实现了从站起来、富起来到强起来的伟大飞跃，迎来了实现中华民族伟大复兴的光明前景。故此我国正处于实现中华民族伟大复兴的关键时期。

2. 全力向第二个百年奋斗目标进军

2022 年 10 月 16 日，党的二十大报告从战略全局深刻阐释了全面建设社会主义现代化国家、全面推进中华民族伟大复兴的一系列重大理论和实践问题。我国已经全面建成小康社会，必将在此基础上，"乘势而上开启全面建设社会主义现代化国家新征程，向第二个百年奋斗目标进军"③。第

---

① 习近平. 在庆祝中国共产党成立 100 周年大会上的讲话 [J]. 求是，2021（14）：4-14.
② 习近平总书记 2021 年 2 月 25 日在全国脱贫攻坚总结表彰大会上的讲话。
③ 人民出版社. 中国共产党第十九次全国代表大会文件汇编 [M]. 北京：人民出版社，2017.

二个百年奋斗目标就是到新中国成立 100 年时建成富强民主文明和谐美丽的社会主义现代化强国。实现第二个百年奋斗目标的路径就是要实现共同富裕。尽管绝对贫困已经消除，但仍然有大量人口刚刚越过绝对贫困线。共同富裕是指在生产力不断发展的基础上，全体人民在历史规定的条件下，按照社会主义公平与正义的原则来共同分享发展的成果。共同富裕并不是一个固定不变的模式，而是随着生产力的发展不断充实新内容的动态过程，是一个从贫穷到富裕再到高层次富裕的过程富裕。习近平总书记指出："打赢脱贫攻坚战，全面建成小康社会，为促进共同富裕创造了良好条件。现在，已经到了扎实推动共同富裕的历史阶段。"[①] 共同富裕是社会主义的本质要求，是中国式现代化的重要特征，是中华民族伟大复兴的基本内涵。党的十九届五中全会第一次把"扎实推动共同富裕"写进全会文件，习近平总书记第一次发表名为《扎实推动共同富裕》的文章，提出实现全体人民共同富裕的总目标、总任务、总思路、总要求。党中央已经把共同富裕摆到更加突出的位置，作为全面建成社会主义现代化强国的重要目标和中心课题。到 21 世纪中叶基本实现全体人民共同富裕是党的十九大确立的第二个百年奋斗目标的重要内容。党的十九大提出从 2020 年到 21 世纪中叶可以分两个阶段来安排：到 2035 年，人民生活更为宽裕，中等收入群体比例明显提高，城乡发展差距和居民生活水平差距显著减小，基本公共服务均等化基本实现，全体人民共同富裕迈出坚实步伐。到 2050 年，全体人民共同富裕基本实现，我国人民将享有更加幸福安康的生活。这就必须按党中央的决策部署，不断解放和发展生产力，坚定不移走共同富裕道路，要多渠道促进居民增收，完善收入分配制度，为全面建成富强、民主、文明、和谐、美丽的社会主义现代化强国而不懈奋斗。

1.1.4　世界政治经济格局影响下的内生动力

当今世界正经历百年未有之大变局，全球政治格局、经济体系、贸易规则等重组步伐加快、调整力度加大。尤其是新冠疫情影响广泛而深远，世界进入动荡变革期，确定性与不确定性问题同时凸显，科技革命与社会变革全面融合、深度渗透。传统经济增长动能持续减弱，全球经济衰退风险日益加大。国际力量对比发生深刻变化，但和平与发展仍然是时代主

---

① 习近平. 扎实推进共同富裕 [J]. 求是，2021（20）：1-5.

题，同时局部战争仍然存在，俄乌战争加速改变世界地缘政治格局，中国处在地缘政治最具优势的地位。中美之间战略博弈日趋激烈，推动世界格局发生深刻变革。全球单边主义和贸易保护主义盛行，推动国际经贸规则加速重构。新一轮科技革命和产业变革蓬勃发展，资源要素配置方式、生产组织模式和价值创造路径深刻变革，加快国际产业分工版图重塑。这些变化既增加了风险挑战，也为我国主动优化产业链战略布局、加快完善现代产业体系提供了巨大空间。世界政治经济格局乃外在推力，中国要通过现代化经济体系建设，以核心技术为主攻方向，取得变革性突破，从而真正实现高质量发展。在世界政治格局、经济格局、地缘政治发生重大变化的今天，在世界从霸权主义极力拼命维护旧秩序向催生形成多极化世界新格局方向发展的今天，中国发展将进入一个全新的历史新阶段，祖国统一民族复兴大业进入关键阶段，中国共产党必定能带领亿万人民克服一切艰难险阻完成伟大复兴的历史任务，并将在变局中开辟具有更多发展机遇的新局。

1.2 研究价值和意义

1.2.1 理论价值

1. 确立了适应新时代发展要求的区域经济高质量发展评价体系

目前，虽然国内外学者对于区域经济高质量发展理论的研究已经形成一定的理论体系，并且对区域经济高质量发展的评价体系做了一些尝试，但对适应新时代的区域经济高质量发展评价指标体系的构建尚未达成共识。因此，本研究基于习近平经济思想确立了具体的衡量区域经济高质量发展的评价标准，进而对四川省各市州经济高质量发展水平进行评价，这对于丰富和完善区域经济高质量发展理论具有重要的理论意义。

2. 丰富了中国特色社会主义区域经济发展理论

中国共产党领导我国经济建设的历史，也是我国社会主义经济发展理论不断创新的历史。中国特色社会主义进入新时代，我国社会的主要矛盾已经转化为人民日益增长的美好生活需要和不平衡不充分的发展之间的矛盾。这个矛盾在经济发展方面集中表现为供给结构不能适应需求结构的变化。而新发展理念是具有中国原创性的发展新思想，要求实现发展方式、发展动力、发展导向、发展路径的全面变革。而区域经济高质量发展是新发展理念在经济领域中所要引领的具体行动，因而本研究有利于进一步强化区域经济高质量发展的理论支撑，探寻理论根源，总结中国经济发展理论。

3. 丰富与发展了区域协调发展理论

实施区域协调发展战略是新时代国家重大战略之一。尽管我国经济高质量发展的时空格局演化有着深刻的历史、地理、经济、文化等多方面的根源，但国内外鲜有关于区域经济高质量发展的时空演化问题的实证研究成果。故而，本研究在探讨四川省区域经济高质量发展内外条件的基础上，测度其经济高质量发展水平，预测未来发展趋势，揭示四川省域经济高质量发展的时空演化特征，这对促进区域良性互动和协调发展具有重要意义。

1.2.2 实践意义

1. 有助于拓展中国发展经济学的新境界

在坚持习近平新时代中国特色社会主义思想的基础上，中国经济进入高质量发展阶段，这意味着以往推动经济发展的模式、动力和方法路径都将发生质的变化。本书对区域经济高质量发展的多维度分析与解读，能够在理论层面践行习近平经济思想，并且在实践层面推动区域经济高质量发展。这必将有利于对中国经济高质量发展的理论分析，拓展中国发展经济学的新境界。

2. 有助于拓展区域经济高质量发展的理论应用范畴

对于区域经济高质量发展，学者们展开了一定数量的研究，而将区域经济高质量发展理论全面应用到相关省域的具体研究却不多见。本书基于这一考虑，将四川省域引入经济高质量发展综合评价的实际案例中，必将拓展区域经济高质量发展的应用范畴。同时，本书在具体研究中，综合运用可持续发展理论、发展经济学理论、区域经济学、人口经济学、区域科学理论等，有助于推动多学科的理论交融，从而形成适合新发展阶段的新型方法论。

3. 有助于为推动区域经济高质量发展提供良好对策

我国必须跨越"中等收入陷阱",即必须跨越拉美国家出现的"有增长无发展"的长期处于中等收入发展阶段的尴尬境地。从这个意义上说,要实现经济的良性发展,就要寻求发展的推动力,这个基础就是提高劳动生产率、产出效率、科技贡献率、全要素生产率等,从而实现经济健康高质量发展,让人民生活质量越来越高。因此,本研究通过评估四川经济高质量发展水平,提出促进四川经济高质量发展的良好对策,以期总结经验,把握全省各经济分区的经济高质量发展情况,从而制定相关政策。

1.3 研究思路、内容与方法

1.3.1 研究思路

本研究以区域经济高质量发展"内涵逻辑—指标体系—测度与趋势预测—时空分析"为逻辑主线,试图揭示四川省域经济高质量发展的相关情况,进而找出对策。本研究按照以下基本思路进行:首先,从高质量发展的概念出发,探讨区域经济高质量发展内涵。其次,结合其内涵体系,构建适用于新时代要求的区域经济高质量发展水平测度体系,在此基础上主要利用熵值法对研究期内四川省和各市域经济高质量发展水平进行评价,并采用灰色动态预测模型进行趋势分析。再次,采用探索性空间数据分析等方法揭示研究期内各市域经济高质量发展的时空差异特征。最后,有针对性地提出促进四川省域经济高质量发展的对策建议。

1.3.2 研究内容

依据"问题提出—理论分析—实证分析—结论启示"的思路,本研究内容共分为九章:

第一章,绪论。从全面阐述研究选题的大背景,引出当前亟待解决的现实问题。在此基础上,从理论与实践的双重维度,剖析研究的意义;同时,归纳研究的主要内容、行文布局、研究方法、技术路线等。

第二章,新时代区域经济高质量发展研究的现状与发展趋势。本章主要对与区域经济高质量发展有关的文献进行梳理。首先,采用可视化方法分析经济高质量发展研究与实践的进程；其次，综述国内外关于区域经济高质量发展的相关研究成果，包括其概念、内涵、测度体系与方法、对策与路径等；最后，对上述研究文献进行述评，并指出下一步研究方向。

第三章，新时代区域经济高质量发展的理论依据、思想渊源与思想指引。结合研究目的，总结了新时代区域经济高质量发展的理论依据，包括可持续发展理论、西方经济增长理论、空间经济学理论、区域协调发展理论等，梳理了新时代区域经济高质量发展的思想渊源，指出了新时代区域经济高质量发展的思想指引——习近平经济思想。

第四章，新时代区域经济高质量发展的理论探讨。探讨本研究所涉及的相关理论脉络。首先，剖析新时代的内涵与特征、区域与区域经济的内涵、经济增长与经济发展的内涵及其相互关系；其次，从质量定义出发，分析高质量发展的内涵、特征和三个转变；再次，梳理了新时代区域经济高质量发展的实践过程和典型案例；最后，基于习近平经济思想，阐述新时代区域经济高质量发展的内涵和理论推导。

第五章，新时代区域经济高质量发展评价指标体系构建。结合区域经济高质量发展的理论内涵，基于习近平经济思想，构建经济增长稳定、创新驱动发展、区域协调融合、对外开放深化、生态环境优美、人民生活幸福六个维度。

第六章，四川省域经济高质量发展的现实基础。本章主要深入分析四川省经济高质量发展的外部条件和内部基础。内部基础主要从经济发展、创新能力、区域协调、对外开放、生态环境与人民生活六个方面对四川经济的高质量发展基本状况展开了调研剖析。

第七章，四川省域经济高质量发展的测度与趋势预测分析。本章利用所建立的四川省域经济高质量发展的综合评估指标，基于 2012—2020 年的四川省有关统计资料，利用熵值法和主成分分析法对四川省域经济高质量发展水平做出评估，利用 GM（1，1）模型对 2021—2030 年四川省域经济高质量发展的状况进行预测，以期为有关政府部门进一步推动区域经济高质量发展的政策制定提供依据。

第八章，四川省域经济高质量发展的时空特征分析。本章以时间和空间为切入点，运用空间自相关、变异系数法、核密度估计等方法，探讨 2012—2020 年四川省域经济高质量发展的时空特征和演变规律，以期为区域高质量发展提供决策参考。

第九章，研究结论、政策建议和研究展望。本章归纳总结本研究的基本结论，并提出对策建议，同时指出研究的局限性及研究展望。

1.3.3 研究方法

本研究主要采用的研究方法包括文献研究法、综合分析法、理论分析与实证研究结合法等。

1. 文献研究法

文献研究法主要指搜集、鉴别、整理文献，并通过对经济高质量发展相关文献的研究形成科学的认识方法。采用中国知网（CNKI）数据库，借助 CiteSpace 工具，以可视化图谱的方式直观展示区域经济高质量发展的相关文献，研究热点演变，通过共被引图谱聚类分析，明确上述领域的研究前沿及发展趋势。

2. 综合分析法

综合分析法是指运用各种统计综合指标来反映和研究社会经济现象总体的一般特征和数量关系的研究方法。本研究归纳提炼了适应新时代要求的区域经济高质量发展的内涵，以及从整体和分维度、各市域视角对四川省经济高质量发展进行评价分析。

3. 理论分析与实证研究结合法

本研究以四川省市域 2012—2020 年的经济高质量发展指数为研究对象，运用熵值法测算出四川省各市州的综合得分和维度得分，再采用 GM（1，1）法对未来四川省域经济高质量发展的大体变化趋势进行预测分析，利用核密度估计、变异系数、空间自相关技术探讨四川省各市州的经济高质量发展的时空特征。

1.3.4 技术路线图

本研究的技术路线图如图 1-1 所示。

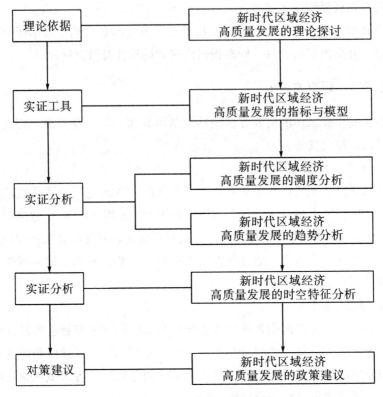

图 1-1 本研究技术路线图

2 新时代区域经济高质量发展研究的现状与发展趋势

本章主要围绕与研究主题相关的文献和理论进行梳理、归纳和评述，以期为未来研究提供理论基础与方法借鉴。首先采用可视化方法分析区域经济高质量发展研究与实践的进程；其次综述了国内外关于区域经济高质量发展的相关研究成果，包括其概念、内涵、测度体系与方法、对策与路径等；最后对上述研究文献进行述评，并指出了下一步研究方向。

2.1 新时代区域经济高质量发展文献的可视化分析

进入新时代，中国经济发展被赋予新的要求和内涵，经济高质量发展越来越成为党和政府关注的重大议题。2017 年党的十九大首次提出关于高质量发展的表达，指出"我国经济已由高速增长阶段转向高质量发展阶段"。2020 年中央经济工作会议再次强调要着力推动高质量发展，坚持质量第一，效益优先，全面提高经济整体竞争力。由此可见，持续推动我国经济高质量发展，实现中国经济提质增效，成为当前乃至未来一种全新发展共识。事实上，经过近几年的学术积累和发展，我国关于区域经济高质量发展的认识不断深化。那么其研究成果如何？这些学者主要围绕哪些主题展开研究？未来发展方向是什么？理清诸如此类问题，不但有助于把握中国经济高质量发展研究进展、研究内容与研究趋势，而且能够完善国家经济治理体系，进而助推经济高质量发展预期效果早日实现。因此，本研究运用 CiteSpace 可视化文献分析工具，对 2017—2022 年 4 月中国区域经济高质量发展研究成果进行阶段性梳理，构建与识别经济高质量发展的知识图谱与聚类，从而更加直观、客观地把握该研究领域的研究态势与未来发展趋势。

2.1.1　数据来源与样本分析

1. 数据来源

本研究以中国知网（CNKI）的"核心期刊"和"CSSCI"数据库为数据源。在中国知网数据库中，检索条件以"主题='高质量发展'并含'经济'"进行高级精确检索。文献检索时间统一限定为2017—2022年4月，对检索结果进行梳理，最后筛选出1 100篇文献。这些文献对于科学、客观界定我国经济高质量发展的研究热点、研究前沿等具有重要意义。通过 CiteSpace 可视化软件展开文献计量分析，从而为完成区域经济高质量发展关键词聚类、研究路径演化、研究前沿特征等提供导向。

2. 样本分析

从2017年至2022年4月有关经济高质量发展的研究文献的历年发文量不难看出，随着2017年10月党的十九大召开，首次系统地提出"高质量发展"的表述，高质量发展有关问题成为学者们研究的热点。2017年度发文量为3篇，研究力量和关注度明显不足；2018年，经济高质量发展成为政府和学者关注的热点，全年发表论文314篇；2019年，经济高质量发展研究文献呈井喷式增加，全年发表论文数达到783篇；2020年发表的论文数为915篇，发文量呈现波动并缓慢上升的趋势；2021年发表相关论文1 311篇；2022年1—4月发表的论文数为379篇。根据趋势预判，未来年度发文量还将不断增加。总体而言，有关经济高质量发展的发文量一直维持较高的态势，反映出党的十九大以来我国经济高质量发展研究正逐步走向常态化，也反映出我国学者对这一主题的关注程度以及在高水平期刊中关注热度在持续上升。

2.1.2　学科领域

高质量发展是党的十九大对我国经济发展阶段作出的判断，但随着对高质量发展的不断深入研究，交叉学科成为高质量发展研究的新视角。分析所搜索的文献，可以看出由于高质量发展是党对当前经济发展趋势的新论述，所覆盖的内容是一个多学科交叉领域，研究主要集中在社会科学相关领域，其综合了经济与管理、政治学、法律学、生态学等多学科的特点（见图2-1）。其中，经济与管理科学占比为78%，政治学科占比为

12%，法律科学占比为3%，生态科学占比为5%，其他占比为2%。因此，利用多学科的交叉理论对经济高质量发展进行研究已成为主要趋势，同时，也促进了这一研究领域的进一步发展。

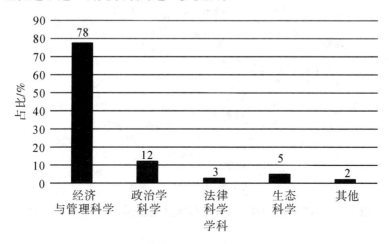

图 2-1　区域经济高质量发展研究涉及的学科分布

2.1.3　研究作者及研究机构分布

从核心作者分布情况来看，图 2-2 所示的研究者在国内经济高质量发展领域均有一定影响，其中不乏领军人物。具体而言，专注于经济高质量发展研究的作者相对较少，集中度仍显不高，作者之间有一定合作但不多，反映了对经济高质量发展的研究处于比较分散的状态。研究力量的分散不利于对经济高质量发展形成系统、深入的研究。可以看出，作者发文量较多的有任保平、沈坤荣、刘志彪、夏杰长、师博、黄海燕等，其中任保平发表在期刊上的文章高达 23 篇。从总体上看，网络密度比较低，研究的学术联系较弱，团队规模较小。从发文机构看，经济高质量发展的集中研究程度不高，尚未形成研究体系。如图 2-3 所示，我国对经济高质量发展研究较多的机构有：西北大学经济管理学院（28 篇）、中国社会科学院工业经济研究所（19 篇）、西北大学中国西部经济研究中心（院）（18篇）、中国社会科学院经济研究所（13 篇）、中国社会科学院财经战略研究院（12 篇）、南京大学经济学院（10 篇）等。这在一定程度反映了以上研究机构在对我国经济高质量发展研究有一定的地位，其研究成果在全国不同机构之间的差异较大。

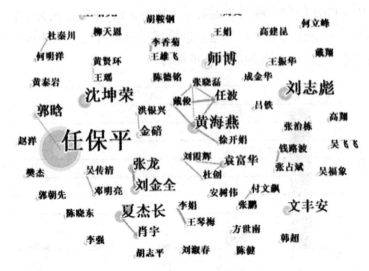

图 2-2　2017—2022 年国内区域经济高质量发展研究的核心作者分布

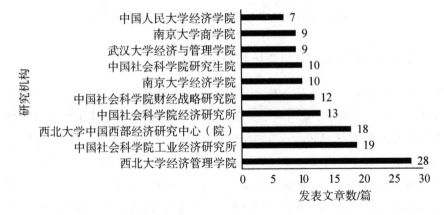

图 2-3　2017—2022 年国内区域经济高质量发展研究机构分布

2.1.4　高被引文献统计

　　表 2-1 统计了 2017—2022 年国内经济高质量发展研究中前 10 篇高被引文献，体现了该领域的知识源流。其中，金碚的《关于"高质量发展"的经济学研究》被引频次为 413 次，居于首位。该文对厘清高质量发展内涵以及把握未来研究走向做出了一定贡献。进一步分析发现，高被引文献涉及的主题较为广泛，有对经济高质量发展的内涵、特征和价值取向分析，有对评价指标体系构建、路径执行等的研究，还有对政府治理、金融

体系等不同领域的实践的研究。这进一步表明多样化的研究视角和内容拓展延伸了我国经济高质量发展研究。

表 2-1　2017—2022 年国内经济高质量发展研究前 10 篇高被引文献信息表

序号	论文题目	作者	期刊	被引数
1	关于"高质量发展"的经济学研究	金碚	中国工业经济	413
2	雾霾污染、政府治理与经济高质量发展	陈诗一	经济研究	252
3	新时代我国高质量发展评判体系的构建及其转型路径	任保平	陕西师范大学学报(哲社版)	209
4	新时代中国高质量发展的判断标准、决定因素与实现途径	任保平等	改革	202
5	中国省际经济高质量发展的测度与分析	师博等	经济问题	182
6	新时代中国经济从高速增长转向高质量发展：理论阐述与实践取向	任保平	学术月刊	173
7	新时代背景下中国金融体系与国家治理体系现代化	徐忠	经济研究	165
8	新时代中国经济高质量发展水平的测度研究	魏敏等	数量经济技术经济研究	161
9	我国经济高质量发展的五大特征与五大途径	冯倩彬	中国党政干部论坛	147
10	新时代我国经济高质量发展的动力转换研究	陈昌兵	上海经济研究	45

2.1.5　关键词共现的研究热点分析

两个或更多关键词在同一篇文献中同时出现称为关键词共现。如图 2-4 所示，可视化关键词图谱中共 82 个节点 86 个连接，以关键词的频数和中介中心性来反映区域经济高质量发展研究领域的相关研究热点，可见与经济高质量发展研究联系较为紧密。经济高质量发展是贯彻"创新、绿色、协调、开放、共享"的新发展理念的根本体现。结合表 2-2 所示，可以发现"高质量发展""现代化经济体系""新发展理念""全要素生产率""供给侧结构性改革""创新驱动""新时代""营商环境""绿色发展"等是学者们长时间研究的热点。这些关键词都出现在聚类中心，并表现出很高的向心性。热点反映出学者们在经济高质量发展的基本思路、评价体系、发展路径等诸多方面进行了深入研究，并取得了显著成果。从词频分布看，经济高质量发展涉及的领域比较多，说明学者们对经济高质量发展的研究关注点较为集中，同时随着时间的推移对该领域的研究热点越来越多，这在一定程度上加快了经济高质量发展研究的进程。

图 2-4　经济高质量发展主题下文献高频关键词网络图

表 2-2　2017—2022 年 4 月经济高质量发展研究文献高频关键词

序号	被引频次	关键词	序号	被引频次	关键词
1	363	高质量发展	11	16	中国特色社会主义
2	46	经济高质量发展	12	16	实体经济
3	41	新时代	13	14	经济增长
4	29	现代化经济体系	14	14	结构性改革
5	29	全要素生产率	15	13	高质量
6	23	改革开放	16	13	一带一路
7	20	创新驱动	17	13	技术创新
8	19	长江经济带	18	12	营商环境
9	18	供给侧结构性改革	19	12	绿色发展
10	17	新发展理念	20	11	数字经济

2.1.6 关键词突现研究分析

本研究利用 CiteSpace 4.0 软件的突现词分析功能（detect bursts）得到我国区域经济高质量发展这一主题词、关键词下降、消失或者突现的情况。图 2-5 展示了国内区域经济高质量发展研究的关键词突现情况。图谱中 Begin 和 End 分别表示研究时间范畴内关键词开始年份和结束年份，Strength 表示突现强度，从这些关键词中可以分析总结经济高质量发展研究的前沿趋势。从研究前沿突现数值上看，"制造业"突现值为 1.722 7，排在第二位。"企业家精神"突现值为 1.505 3，排名第四。排名第五的关键词是"习近平新时代中国特色社会主义经济思想"和"区域协调发展"，突现值均为 1.484 4。对样本文献关键词突现（burst）的进一步分析表明，2017 年以来，我国经济高质量发展研究日益向以下几个主题转移：习近平新时代中国特色社会主义经济思想、区域协调发展、"一带一路"、制造业、体育产业、企业家精神、民营经济等。主题的变迁反映出我国区域经济高质量发展研究与国家大政方针紧密相连，有效推动了经济高质量发展的同时不同领域的均衡发展。

Keywords	Year	Strength	Begin	End	2017—2020
习近平新时代中国特色社会主义经济思想	2017	1.484 4	2017	2018	
区域协调发展	2017	1.484 4	2017	2018	
习近平	2017	2.233	2017	2018	
"一带一路"	2017	1.353 7	2017	2018	
改革开放	2017	1.599	2017	2018	
习近平总书记	2017	1.505 3	2019	2020	
制造业	2017	1.722 7	2019	2020	
体育产业	2017	1.288 5	2019	2020	
企业家精神	2017	1.505 3	2019	2020	
民营经济	2017	1.288 5	2019	2020	

图 2-5　经济高质量发展关键词突现

2.2 新时代区域经济高质量发展的相关研究成果

2.2.1 区域经济高质量发展内涵探讨

国外虽然没有直接关于区域经济高质量发展的研究，但存在大量关于经济增长以及经济增长质量的理论成果，这些理论成果对中国经济高质量发展研究提供了启发。例如，古典经济增长理论中，以亚当·斯密、李嘉图为主要代表人物的研究侧重于经济增长的决定因素分析，其研究揭示了经济增长与资本、劳动力的关系。英国经济学家哈罗德（R. F. Harod）和美国经济学家多马（E. D. Domar）于 20 世纪 40 年代，创造性地将凯恩斯的收入决定理论加以动态化、长期性的研究，最终推演出极其相似的长期经济增长模式。关于区域经济高质量发展内涵的研究，国外鲜有，具有代表性的与此相关的经济发展理论有刘易斯[①]"二元经济模型"以及赫希曼[②]1958 年提出的经济不均衡发展理论。另外比较有代表性的理论是罗斯托[③]的经济成长中几个重要发展阶段理论等。也有学者从经济结构转型、技术创新、包容发展的视角阐述经济发展。格里斯和诺代[④]认为企业家精神可以有力促进经济结构升级，这两者的关系密不可分。李[⑤]通过对经验数据的考察，指出近年来中国科技有力地促进了中国经济向集约型发展转变。斯蒂芬[⑥]则认为国民经济发展质量的判断标准应包括国民经济发展速度、民众生存水平以及经济社会发展的和谐水平。苏等人[⑦]将 CO_2 排放量

① LEWIS W A. Economic development with unlimited supplies of labour [J]. The Manchester School, 1954, 22 (2): 139-191.

② HIRSCHMAN A O. The strategy of economic development [M]. New Haven: Yale University Press, 1958: 45-47.

③ ROSTOW W W. The stages of economic Growth [M]. Cambridge: Cambridge University Press, 1960.

④ GRIES T, NAUDE W. Entrepreneurship and structural economic transformation [J]. Small business economics, 2010, 34 (1): 13-29.

⑤ LI M. Structural change and productivity growth in Chinese manufacturing [J]. International journal of intelligent technologies and applied statistics, 2012, 5 (3): 281-306.

⑥ STEFAN G. Considerations on the theory of economic growth and development [J]. Procedia social and behavioral sciences, 2012, 62: 280-284.

⑦ LAU L S, CHOONG C K, ENG Y K. Carbon Dioxide emission, institutional quality, and economic growth: empirical evidence in Malaysia [J]. Renewable energy, 2014: 68.

纳入中国经济发展质量的重要指标之一。弗里茨和科克①（2016）认为可持续性、社会包容性和生活质量这三个维度是经济增长质量的重要反映。

而国内学者对于区域经济高质量的研究，在党的十九大之后逐渐成为热点。例如，乔彦强②认为高质量发展就是能够很好满足人民日益增长的美好生活需要的发展。夏锦文等③认为经济高质量发展就是与供给、需求、产出、消费、资源配置等方面的内容息息相关的发展。林兆木④认为我国经济高质量发展，是能够更好满足人民日益增长的美好生活需要的发展，是体现创新、协调、绿色、开放、共享发展理念的发展，也应是生产要素投入少、资源配置效率高、资源环境成本低、经济社会效益好的发展。赵大全⑤认为经济高质量发展是一个宏观概念，是一个国家层面的问题。它包括以下几方面内涵：它最基本的内涵是充分发展；新时代更加强调平衡发展，中华民族伟大复兴的使命要求其具有国际竞争力；社会主义本质决定其要有利于实现人的全面发展；经济高质量发展。这四个层面的内涵可以概括为十二个字：人尽其才，物尽其用，地尽其利。周振华⑥认为在新的发展理念指导下，通过社会再生产过程中的创新型生产、高效性流通、公平公正分配、成熟消费之间高度协同，不断提高全要素生产率，实现经济内生性、生态性和可持续的有机发展。盛世豪⑦认为数量与质量是辩证统一的，高质量发展是建立在一定增长速度基础上的高质量发展。不片面追求增长速度，但必须坚持稳中求进，在稳定大局前提下，坚定迈向高质量。郭周明、张晓磊⑧认为经济高质量发展的前提是经济"稳"，不能一味追求速度，更要讲究发展的质量。高培勇等⑨认为"高质量发展"主要依靠技术进步、创新驱动，其实质是一种经济发展的进一步升华。黄萍宣、

---

① FRITZ M，KOCH M. Economic development and prosperity patterns around the world：structural challenges for a global steady-state economy [J]. Global environmental change，2016，38：41-48.

② 乔彦强. 深刻理解高质量发展内涵，努力走在高质量发展前列 [N]. 平顶山日报，2018-10-10 (6).

③ 夏锦文，吴先满，吕永刚，等. 江苏经济高质量发展"拐点"：内涵、态势及对策 [J]. 现代经济探讨，2018 (5)：26-31.

④ 林兆木. 我国经济高质量发展的内涵和要义 [J]. 西部大开发，2018 (C1)：111-113.

⑤ 赵大全. 实现经济高质量发展的思考与建议 [J]. 经济研究参考，2018 (1)：7-9，48.

⑥ 周振华. 经济高质量发展的新型结构 [J]. 上海经济研究，2018 (9)：31-34.

⑦ 盛世豪. 深刻理解高质量发展内涵 [J]. 浙江日报，2019-01-02 (7).

⑧ 郭周明，张晓磊. 高质量开放型经济发展的内涵与关键任务 [J]. 改革，2019 (1)：43-53.

⑨ 高培勇，杜创，刘霞辉，等. 高质量发展背景下的现代化经济体系建设：一个逻辑框架 [J]. 经济研究，2019 (4)：4-16.

昌勇①认为经济高质量发展是质量变革、效率变革、动力变革共同作用的结果。李志强②从收入差距视角理解和分析经济高质量发展内涵，认为不论是过低的收入差距还是过高的收入差距都不利于经济增长，只有适度的收入差距才能促使经济长期增长。这也就是基于收入差距视角的经济高质量发展内涵。段光鹏、王向明③认为要实现经济高质量发展有必要从产业体系、市场体系、分配体系、区域发展体系、绿色发展体系、开放体系、经济体制等方面准确地把握建设现代化经济体系的基本构成。因此，可以看出近年来学界对区域经济高质量发展的日益重视。学界对于经济高质量发展内涵的认识不同，但是有利于从人口、资源、环境、经济与社会的协调可持续发展角度去理解经济高质量发展的内涵。

2.2.2 区域经济高质量发展的评价体系与方法研究

国外学术界对于经济发展质量评价的有关研究相对较多，更多学者十分关注在经济集约型、内涵式发展方式等方面的问题。索洛④选取全要素生产率（TFP）单指标，主要参考西方经济增长理论，度量技术进步、生产等转变程度。联合国可持续发展委员（UNCSD）从经济发展、制度安排、对策意见等5个方面来衡量和评价人类社会的可持续性发展性，进而取得较好效果⑤；联合国相关文件指出经济可持续发展是环境和社会可持续的前提，并从经济、社会、环境视角衡量可持续发展问题。波特和珀泽⑥根据美国实际情况衡量人类发展指数（HDI）。若泽等⑦在自然环境、就

---

① 黄萍宣，昌勇. 金融集聚、空间溢出与经济高质量发展 [J]. 江苏大学学报（社会科学版），2021，23（6）：49-65.

② 李志强. 基于收入差距视角的经济高质量发展内涵研究 [J]. 生产力研究，2021（10）：8-12，55，161.

③ 段光鹏，王向明. 建设现代化经济体系：战略价值、基本构成与推进方略 [J]. 改革，2022（3）：55-65.

④ SOLOW R M. Technical change and the aggregate production function [J]. The review of economics and statistics, 1957, 39（8）：312-318.

⑤ UNCSD. Indicators of sustainable development：framework and methodologies [M]. New York：United Nations, 1996.

⑥ PORTER J R, PURSER C W. Measuring relative sub-national human development：an application of the United Nation's Human Development Index using geographic information systems [J]. Journal of economic & social measurement, 2008, 33（4）：253-269.

⑦ JOSÉ A R M, MARÍA D M H M, JOSÉ A S F. An index of social and economic development in the community's objective-1 regions of countries in Southern Europe [J]. European planning studies, 2012, 20（6）：1059-1074.

业、卫生、文化教育、平等机会等 10 个层面上建立了社会经济发展水平的综合指标。格奥尔基和齐齐①构建了经济发展指数——主要包括人均 GDP、受教育程度、劳动生产率、预期寿命等维度。莫拉奇拉②开创性地提出了社会健康指标，来评价当地经济社会发展的经济增长质量。2016 年联合国颁布的《2030 年可持续发展议程》③ 从 17 个方面④评价人类社会可持续发展，涉及经济、社会、环境等多个方面。这 17 项可持续发展目标是人类的共同愿景，也是世界各国人民之间达成的社会契约。

国内学者对经济高质量发展评价的研究较为丰富。由此可见，关于经济高质量发展的评价指标体系既包括了经济视角，还涵盖了民生福利、资源利用、环境评价等多个方面。例如，师博、任保平⑤在英拉奇拉等人研究的基础上构建了新的评价指标体系，并借鉴联合国人类发展指数和经济脆弱度指数，测度了 1992—2016 年中国省际经济增长质量指数。魏敏、李书昊⑥主要从经济增长稳定、经济结构优化、创新驱动发展、资源配置高效等方面建立了评估中国经济社会高质量发展水平的指标。高睿璇等⑦使

---

① GHEORGHE Z, ZIZI G. A new classification of romanian counties based on a composite index of economic development [J]. Annals of the University of Oradea Economic Science, 2014, 23 (1): 217-225.

② MLACHILA M, TAPSOBA R, TAPSOBA S J A. A quality of growth index for developing countries: a proposal [J]. Social indicators research, 2014, 14 (172): 1-36.

③ 变革我们的世界: 2030 年可持续发展议程 [EB/OL]. (2016-01-13) [2022-12-12]. http://www.fmprc.gov.cn/web/ziliao _ 674904/zt _ 674979/dnzt _ 674981/qtzt/2030kcxfzyc _ 686343/201601/t20160113_9279987.shtml.

④ 这 17 个方面是指: (a) 在全世界消除一切形式的贫穷; (b) 消除饥饿，实现粮食安全，改善营养状况和促进可持续农业; (c) 确保健康的生活方式、促进各年龄段人群的福祉; (d) 确保包容和公平的优质教育，让全民终身有学习机会; (e) 实现性别平等，增强所有妇女和女童的权能; (f) 为所有人提供水和环境卫生并对其进行可持续管理; (g) 确保人人获得负担得起的、可靠和可持续的现代能源; (h) 促进持久、包容和可持续的经济增长，促进充分的生产性就业和人人获得体面工作; (i) 建造具备抵御灾害能力的基础设施、促进具有包容性的可持续工业化，推动创新; (j) 减少国家内部和国家之间的不平等; (k) 建设包容、安全、有抵御灾害能力和可持续的城市和人类住区; (l) 采用可持续的消费和生产模式; (m) 采取紧急行动应对气候变化及其影响; (n) 保护和可持续利用海洋和海洋资源以促进可持续发展; (o) 保护、恢复和促进可持续利用陆地生态系统，可持续管理森林，防治荒漠化，制止和扭转土地退化、遏制生物多样性的丧失; (p) 创建和平和包容的社会以促进可持续发展，让所有人都能诉诸司法，在各级建立有效、负责和包容的机构; (q) 加强执行手段，重振可持续发展全球伙伴关系。

⑤ 师博，任保平. 中国省际经济高质量发展的测度与分析 [J]. 经济问题, 2018 (4): 1-6.

⑥ 魏敏，李书昊. 新时代中国经济高质量发展水平的测度研究 [J]. 数量经济技术经济研究, 2018 (11): 3-20.

⑦ 高睿璇，刘刚，毛美玲. 高质量发展背景下山东省全要素生产率的研究: 理论机理和实证检验 [J]. 华东经济管理, 2019 (5): 20-25.

用全要素生产率（TFP）或劳动生产率来测度；杨志安、邱国庆①实证分析了中国经济高质量发展与财政分权之间的关联情况，认为评判中国经济社会高质量发展的主要指标应包括民生发展、地区经济增长等指标。尹海丹②以"新发展理念"为主线，构建经济高质量发展评价指标体系，并采用主成分分析法，使用面板数据对 2010—2017 年粤港澳大湾区城市经济高质量发展指数进行了评价。唐娟、秦放、鸣唐莎③利用 2000—2017 面板数据，建立了 DEA-SBM 模式，对我国宏观经济绩效价值进行估算，并对中国各地区域经济发展质量作出差异分析，得出了我国的总体经济绩效价值并不高的结论，这说明我国宏观经济水平存在着很大的上升空间。高志刚、克赳④通过解析地区经济优质发展内涵，从技术创新、协调、绿色生态、对外开放、资源共享等视角，建立了符合新时代特点的中国沿边地区经济优质发展评估指标，采取层次分析法和熵值分析法对中国 2000—2017 年沿边地区高质量发展综合指标进行计算，并得出沿边省区高质量发展比较好的结论。胡敏⑤认为在构建指标体系的过程中，可以适当借鉴"新发展理念"评价体系、美国绿色增长体系、全面建成小康社会评价体系等比较成熟的经济社会发展评价指标体系。王文举、姚益家⑥基于经济运行状态、创新驱动、生态文明、社会民生和基础设施 5 个方面构建指标体系，采用熵权法对北京经济高质量发展水平进行了测度。张侠，许启发⑦从经济动力、效率创新、绿色发展、美好生活与和谐社会 5 个维度，构建经济高质量发展指标体系，并基于 2002—2017 年相关数据，运用熵权法进行客观赋权并测度中国各省域经济高质量发展指数。张扬、解柠羽、

---

① 杨志安，邱国庆. 财政分权与中国经济高质量发展关系：基于地区发展与民生指数视角 [J]. 财政研究，2019（8）：27-36.

② 尹海丹. 粤港澳大湾区城市经济高质量发展评价与对策 [J]. 中国经贸导刊（中），2020（2）：6-9.

③ 唐娟，秦放，鸣唐莎. 中国经济高质量发展水平测度与差异分析 [J]. 统计与决策，2020（15）：5-8.

④ 高志刚，克赳. 中国沿边省区经济高质量发展水平比较研究 [J]. 经济纵横，2020（2）：23-35.

⑤ 胡敏. 高质量发展要有高质量考评 [N]. 中国经济时报，2021-01-18（5）.

⑥ 王文举，姚益家. 北京经济高质量发展指标体系及测度研究 [J]. 经济与管理研究，2021，42（6）：15-25.

⑦ 张侠，许启发. 新时代中国省域经济高质量发展测度分析 [J]. 经济问题，2021（3）：16-25.

韩清艳[①]在对相关文献进行梳理的基础上，依据经济高质量发展的内涵，从美好生活、平衡发展、充分发展和绿色发展 4 个维度构建经济高质量发展评价指标体系，并借助德尔菲-熵值法确定指标权重，对 2011—2019 年中国 31 个省份的经济高质量发展水平进行了测度。曹洪军、张绍辉[②]以创新、协调、绿色、开放、共享和经济安全作为评价经济高质量发展的 6 个维度，构建了包含 8 个子维度和 25 个指标的评价体系，并采用二阶 PLS-SEM 模型分析。张震等[③]构建了经济发展动力、新型产业结构、经济发展条件、经济发展开放性、经济发展协调性、绿色发展、经济发展共享性 7 个维度，运用层次分析法（AHP）和熵值法对黄河流域经济高质量发展水平进行了评价分析。屈小娥等[④]基于经济发展基本面和新发展理念两个维度构建经济高质量发展评价指标体系，采用纵横向拉开档次法综合评价 1997—2019 年省域和四大区域经济高质量发展水平，利用系统聚类算法和马尔科夫链矩阵对各省份经济高质量发展水平及动态演变情况进行分析。由此可见，我国学者对经济高质量发展的评价指标主要包括了经济、资源、环境、民生、科技等方面，这对本研究的评价指标体系构建提供了新的借鉴思路。

2.2.3 促进区域经济高质量发展的路径与对策

新时代，我国具有市场大国和制造大国的双重优势，长远发展趋势向好。2020 年以来，我国受新冠疫情影响，探寻区域经济高质量发展的有效路径，成为当前我国面临的重大理论与现实课题。关于促进区域经济高质量发展的路径与对策，学者们分别从不同视角提出有针对性的对策建议。例如，张长星[⑤]认为要推进河南经济高质量发展，必须持续努力打赢三大攻坚战，创新园区运营管理机制，破解创新驱动瓶颈，推进四路融合并

① 张扬，解柠羽，韩清艳. 中国经济高质量发展水平测度与空间差异研究 [J]. 统计与决策，2022（1）：103-107.

② 曹洪军，张绍辉. 创新对经济高质量发展的影响机制与地区异质性分析 [J]. 山东社会科学，2022（3）：26-33.

③ 张震，徐佳慧，高琦，等. 黄河流域经济高质量发展水平差异分析 [J]. 科学管理研究，2022，40（1）：100-109.

④ 屈小娥，马黄龙，王晓芳. 省域经济高质量发展水平综合评价 [J]. 统计与决策，2022，38（16）：98-103.

⑤ 张长星. 推动河南经济高质量发展的对策研究 [J]. 区域经济评论，2019（3）：73-83.

进，强化战略平台联动，持续优化营商环境，提高区域竞争实力等。程翔等①认为：要以创新、协调、绿色、开放、共享的新发展理念为导向，促进各地区经济发展水平进一步提高；要加强科技金融政策投入，以实现政策对经济发展的指导作用；要注重区域经济高质量发展与科技金融政策的协调匹配，提升协调等级，构建两系统高效协调互动发展的机制。孙学涛、张广胜②从培育城市本土优势产业、搭建技术创新平台和优化要素配置结构等方面提出了推动城市经济高质量发展的对策建议。张立群③认为推动高质量发展需要积极运用宏观政策进行逆周期调节，立足扩大内需构建国内国际双循环相互促进的新发展格局，使我国经济增长率加快回升，根本上则要依靠坚定不移地深化改革开放，完善市场经济制度，把握好合理的经济增长速度，发展规范有序的要素市场，以不断推动中国特色社会主义市场经济体制走向成熟。王国力，房娟④运用熵值法、全局莫兰指数法、地理探测器方法对山东省经济高质量发展水平及驱动因子进行测定，认为山东省在经济高质量发展过程中要加强政府的宏观调控作用，改善经济结构体系，优化产业结构与空间布局，充分发挥科技创新对经济发展的带动作用，提高区域协调发展水平，增强经济发展的溢出效应，推动绿色发展及社会经济发展全面向绿色转型，扩大高水平开放，推动外向型经济的发展。周超、黄乐⑤认为数字普惠金融及市场发育程度对于不同省域经济高质量发展存在异质性影响，要拓展数字普惠金融深度与广度、优化要素配置、促进产业结构优化等，促进区域间经济协调高质量发展。马会君、杜人淮⑥从三个方面提出促进中国省际经济高质量发展：一是牵引经济高质量发展要紧紧瞄准国家功能定位；二是实现经济发展的公平性要着

---

① 程翔，杨小娟，张峰. 区域经济高质量发展与科技金融政策的协调度研究 [J]. 中国软科学，2020 (S1)：115-124.

② 孙学涛，张广胜. 技术进步偏向对城市经济高质量发展的影响：基于结构红利的视角 [J]. 管理学刊，2020, 33 (6)：36-47.

③ 张立群. 新发展阶段要坚持不懈推动高质量发展 [J]. 人民论坛·学术前沿，2020 (24)：52-55.

④ 王国力，房娟. 山东省经济高质量发展水平测度及驱动机制分析 [J]. 开发研究，2021 (6)：34-42.

⑤ 周超，黄乐. 数字普惠金融对区域经济高质量发展的影响研究 [J]. 价格理论与实践，2021 (9)：168-172.

⑥ 马会君，杜人淮. 中国省际经济高质量发展水平测度与实证分析 [J]. 西安建筑科技大学学报（社会科学版），2021, 40 (6)：51-61.

力解决乡村振兴问题；三是确保经济发展稳中求进要牢牢守住安全底线。王青、刘亚男[①]认为必须深刻践行经济高质量发展的"创新、协调、绿色、开放、共享"理念，促进长三角城市群内部经济高质量协调发展。一方面要着力缩小各城市、各都市圈间的差距；另一方面，要尽量避免极化现象的产生，促进都市圈以及长三角一体化发展。张明斗、李玥[②]依据长江经济带城市发展实际及实证分析结果，提出如下政策建议：一是根据比较优势，制定差异化的区域发展战略；二是注重长江经济带城市经济高质量发展的均衡性；三是加强区域间的联系与合作，充分发挥区域内部中心城市的辐射作用。由此可见，国内学者针对促进区域经济高质量发展提出了很多对策建议，这为本书的对策研究提供了参考。

2.3 新时代区域经济高质量发展未来研究方向

综上所述，有关区域经济高质量发展的相关研究较多，这对本书的研究提供了不少借鉴思路，但是同时也存在着以下不足：一是国内外研究者关注经济发展理论的较多，但尚未科学定义新时代区域经济高质量发展的真正内涵，且理论研究不够深入，实践价值有待深入挖掘。二是反映新时代特征的区域经济高质量发展的评价体系存在共线性问题，所构建的指标未能体现新时代特色。在评价对象的选取上，对全国经济发达地区进行评价分析的较多，而对西部地区特别是欠发达地区的评价较少。三是所提出的对策建议的科学性需要进一步论证，有针对性的对策研究有待完善。这就使得原本实用性和适用性较强的政策研究变得空洞无力，对实际问题的解决作用有限。四是已有成果侧重于对区域经济高质量发展某方面的时序规律的统计描述，实证研究显得薄弱，缺乏时空差异的整体分析。

当前中国已经进入"速度经济"转向"质量经济"的时代，这要求必须加快质量变革、效率变革、动力变革从而实现高质量发展。区域经济高质量发展研究是破解当前人口、资源、环境与经济社会协调可持续发展困

① 王青，刘亚男. 长三角六大都市圈经济高质量发展的区域差距及动态演进 [J]. 南通大学学报（社会科学版），2022，38（3）：39-49.
② 张明斗，李玥. 长江经济带城市经济高质量发展的时空演变与收敛性 [J]. 华东经济管理，2022，36（3）：24-34.

境以及促进完善国家经济治理体系的重要举措。因此，未来一段时间，区域经济高质量发展研究应结合当前我国构建现代化经济体系新形势，结合三个"新发展"（即新发展阶段、新发展理念、新发展格局）要求，立足"十四五"规划和中国式现代化发展实际，把握经济高质量发展与"两个百年奋斗目标"的衔接关系，从多学科的交叉维度，在研究内容、方法、视角、深度等方面不断完善。

第一，在研究内容方面，从内涵、特点、评价体系、驱动机制、运行约束、动态变化、福利分享、作用机理、提升路径等方面构建区域经济高质量发展研究的理论体系。例如，要注重促进区域经济高质量发展与构建现代化经济体系及两者关系研究；注重区域经济高质量发展的动态演化规律研究；注重区域经济高质量发展中出现的新影响因素及新驱动机制研究；注重实现新时代"两步走"战略安排①过程中的区域经济高质量推动机制与提升路径研究；注重中国"双循环"新发展格局与加快推动发展方式的绿色转型研究；等等。

第二，在研究视角方面，要重视经济高质量发展与健康中国、乡村振兴、共同富裕、中国式现代化道路的相互关系，加强经济高质量发展的国际比较等。要完成第二个百年奋斗目标，需要推动经济高质量发展。乡村振兴、共同富裕是完成第二个百年奋斗目标的题中之义。共同富裕是人民美好生活需要的重要内容，收入分配失衡是发展不平衡不充分的突出表现。以新发展理念为指导，通过区域经济高质量发展进一步提高生产力水平，全面推进乡村振兴，实现共同富裕。同时，剖析不同国家的经济发展质量问题，通过对不同国家经济发展质量进行系统比较，为我国区域经济高质量发展提供思路借鉴。

第三，在研究方法方面，区域经济高质量发展涉及人口、资源、环境、经济、社会的复杂地理过程与现象，因此在研究中应强调各学科的交叉整合，以地理学、经济学、社会学、生态学、人口学等多学科的理论作为支撑。例如，可以利用地理学的研究方法分析区域经济高质量发展的空间地域分异规律，利用人口学的研究方法分析人口均衡发展对区域经济高质量发展的影响，利用生态学的研究方法研究生态文明建设对区域经济高质量发展的影响机制，从而构建区域经济高质量发展的研究理论方法与体系。

----

① 第一步，从 2020 年到 2035 年基本实现社会主义现代化；从 2035 年到 21 世纪中叶把我国建成富强民主文明和谐美丽的社会主义现代化强国。

3 新时代区域经济高质量发展的
理论依据、思想渊源与思想指引

虽然区域经济高质量发展的概念提出时间不久，但是它有着深厚的思想土壤和较长的理论渊源。可以说区域经济高质量发展的提出，既是我国追求人口、资源、环境与经济社会协调可持续发展的体现，又是经济发展思想的演进过程，其有利于建构系统的中国特色发展经济学理论。

3.1 新时代区域经济高质量发展的理论依据

（1）可持续发展理论

1962 年，美国海洋生物学家蕾切尔·卡逊（Rachel Carson）发表的环境科普著作《寂静的春天》成为该理论的思想源泉。可持续发展理论（Sustainable Development Theory）的产生经历了一个长期的过程，20 世纪60 年代是可持续发展理论的萌芽时期。1972 年一个非正式国际著名学术团体即罗马俱乐部发表了有名的研究报告《增长的极限》，明确提出"持续增长"和"合理的持久的均衡发展"的概念。1987 年，世界环境与发展委员会出版的《我们共同的未来》①，正式提出了"可持续发展"的概念，即"既满足当代人的需要，又不对后代人满足其自身需求的能力构成危害的发展"，强调了社会发展的可持续性。2017 年，联合国发布《2017 年可

---

① 世界环境与发展委员会. 我们共同的未来 [M]. 长春：吉林人民出版社，1997.

持续发展目标报告》①，通过总结人类在 17 个可持续发展目标方面所取得的进步的实际情况，了解未来的短板和应对的措施。可持续发展将人口的外在环境由经济社会延伸到资源环境社会，强调"生态—经济—社会"复杂关系整体协调性，这三者是一个可持续统一系统。可持续发展要求人类在发展中讲究经济效率、关注生态和谐和追求社会公平，最终达到人的全面发展；要求世界各国在追求经济发展的过程中坚持生态、经济和社会三者融合，并同时贯彻公平性、持续性、社会共同性三个基本原则。可持续发展理论的最终目的是实现共同、协调、公平、高效、多维的发展，强调"自然、经济、社会"复杂关系的整体协调性。可持续发展的基本观点有：①经济增长的必要性。强调世界各国并不是因为保护环境而放弃经济增长，而是注重经济增长的质量，因为国家实力增强和社会财富数量增长在一定程度上是必须的。②生态的可持续发展。在高速城市化、人口增长、资源枯竭、环境恶化的情况下，必然会出现环境保护和资源永续利用这样难以调和的矛盾，必须改善人类居住的环境，最有效地利用资源、最低限度地消耗资源，以保证资源的可持续利用，从而达到提高人类生活质量的目的，进而通过转变发展模式从根本上解决生态问题。③社会的可持续发展。社会可持续才是根本目的，而发展的实质应该是促进和提高全体人民的生存素质，努力促进人口、资源、环境、经济和社会的协调发展，从而让人民能共享发展的成果，坚持人的主体地位。

我国一直秉承可持续发展宗旨，并认真落实联合国可持续发展议程方案，积极按照《改变我们的世界——2030 年可持续发展议程》要求，将生态文明建设纳入"五位一体"总体布局②，并提出"促进人与自然和谐共生现代化"以及建设"美丽中国"的宏伟蓝图；注重经济社会发展与自然环境的协调，秉承创新、协调、绿色、开放、共享的新发展理念，做可持续发展目标的践行者；重视多方协同、合作共赢，积极探索出一条符合人口、资源、环境、经济、社会的持续发展之路，对于实现全球可持续发展和构建人类命运共同体具有重要的启示和借鉴意义。另外，创新、协调、

---

① United Nations. Sustainable development goals report 2017 [R]. New York：United Nations，2017.

② "五位一体"总体布局是指经济建设、政治建设、文化建设、社会建设和生态文明建设五位一体，全面推进。

绿色、开放、共享的新发展理念，以人民为中心的发展思路，有力推动了经济社会高质量发展，与联合国可持续发展议程的总体目标也高度吻合，这有利于为全球可持续发展事业贡献中国智慧和中国方案。

（2）西方经济增长理论

经济增长理论是专门探究经济增长的源头、研究解释经济增长规律和影响制约因素的理论。它通过运用均衡分析方法以及建立各种经济模型，考察经济活动的长期过程。下面将对几种典型的经济增长理论做简单介绍。

一是哈罗德-多马经济增长模型（Harrod-Domar Model）[1]。该理论有如下假定：整个社会只生产一种产品，并且只使用两种生产要素，即劳动 L 和资本 K，不存在技术进步。同时假定规模报酬不变，另外人口增长率不变。经济增长率 g 可以通过如下的推导来得出，因为资本存量的变化 ΔK 就是投资 I，所以：

$$g = \frac{\Delta Y}{Y} = \frac{S/Y}{\Delta K/\Delta Y} = \frac{S/Y}{I/\Delta Y} = \frac{s}{k} = \frac{储蓄率}{资本与产出比} \tag{3-1}$$

公式 3-1 表明经济增长率是由国民储蓄和国民资本与产出比例因素来反映的。该模型表明应主要关注储蓄和资本积累方面的因素，且经济增长率与储蓄率成正比，增长率随储蓄率提高而上升，随资本/产出比扩大而降低，经济的增长趋势是不稳定的。该模型的缺点在于：这种经济发展模式中科技进步的影响未能显现，且这种假设在发展中国家中多数不成立，其否定了生产要素的可替代性。

二是边干边学模型，即 AK 模型：$Y(t) = AK(t)$。该模型中，经济的总产出增长率等于总资本增长率，但与哈罗德-多马经济增长模型所不同的是，现在的储蓄率 $s(t)$ 是内生的：

$$s(t) = \frac{Y(t) - C(t)}{Y(t)} = \frac{Y(t) - c(t)L}{Y(t)} = 1 - \frac{c(t)L}{Y(t)} \tag{3-2}$$

其中 $C(t) = c(t)L$ 是经济中的总消费。因此，经济的增长率 $\dot{Y}(t)/Y(t)$ 也是内生的：

---

① 哈罗德. 论动态理论 [J]. 经济学杂志, 1939 (3)：14-33；多马. 资本扩张、增长率和就业 [J]. 经济计量学, 1946 (4)：137-147.

$$\begin{cases} \bar{K}(t) = s(t)Y(t) = Y(t) - c(t)L \\ \dfrac{\bar{Y}(t)}{Y(t)} = \dfrac{\bar{K}(t)}{K(t)} = s(t)A = A - \dfrac{c(t)L}{K(t)} \end{cases} \qquad (3\text{-}3)$$

我们来考察 AK 模型所描述的经济增长率情况。消费增长率公式说明，只要初始消费 $c(0)$ 已经选定，家庭消费的演化规律将为：

$$c(t) = c(0)e^{\bar{g}t} \qquad (3\text{-}4)$$

其中 $\bar{g} = (\bar{r} - \rho)/\sigma$，为消费增长率。

在 AK 模型中储蓄率内生化情况下，假如我们仍然期望内生的储蓄率 $s(t)$ 也为一个常数 s，那么这就意味着 $Y(t) = [c(0)L/(1-s)]e^{\bar{g}t}$，从而总产出与消费以同样的增长率 $\bar{g}$ 保持稳定增长。反过来，如果总产出 $Y(t)$ 与消费 $C(t)$ 以同样不变的增长率 $\bar{g}$ 保持稳定增长，那么就意味着 $Y(t) = Y(0)^{\bar{g}t}$，从而储蓄率 $s(t) = 1 - c(0)/L/Y(0) = s(0) =$ 常数。由此可见，对于储蓄率内生化的 AK 经济来讲，最优 AK 模型的内生储蓄率为常数当且仅当该经济的增长率等于消费增长率。总之，AK 模型的参数变化能够改变经济的增长率，从而改变经济的平衡增长路径，参数变动具有增长率效应。但是该模型似乎过于简单，直接放弃资本收益递减规律似乎不符合常识。如果将 K 仅视为物质资本，那么 AK 生产函数显然不符合经验规律。

三是新古典经济发展理论。最有代表性的是 1956 年以美国的索罗（R. M. Solow）[①] 和英国的斯旺（T. W. Swan）[②] 为代表的经济学家提出的发展经济学著名模型。该理论可以表示为：假设市场经济是完全封闭的，在任意某个时刻存在总的物资资本存量的净增长，就相当于总资本减去折旧。那么依据柯布-道格拉斯生产函数建立关于要素投入的生产函数，其公式表示为：

$$Y = F[K(t), A(t)L(t)] \qquad (3\text{-}5)$$

其中 $A(t)$ 是一个技术参数。通过对上式左右两端同时求导，可得：

$$\Delta Y/Y = \frac{K \cdot (\partial Y/\partial K)}{Y} \cdot \frac{\Delta K}{K} + \frac{L \cdot (\partial Y/\partial L)}{Y} \cdot \frac{\Delta L}{L} + \frac{A \cdot (\partial Y/\partial A)}{Y} \cdot \frac{\Delta A}{A}$$

$$(3\text{-}6)$$

---

① SOLOW R M. A contribution to the Theory of Economic Growth [J]. Quarterly journal of economics, 1956, 70（1）：65-94.

② SWAN T W. Economic growth and capital accumulation [J]. Economic record, 1956, 32（2）：334-361.

进一步简化为：

$$g = \Delta Y/Y = \alpha \cdot \frac{\Delta K}{K} + (1 - \alpha) \cdot \frac{\Delta L}{L} + \frac{\Delta A}{A} \qquad (3-7)$$

其中，技术进步用式 3-7 的 $\Delta A/A$ 表示，这就是新古典增长模型。社会发展对国民经济的重大贡献，主要表现为资本和劳动的贡献，突出了技术对市场形成的重大服务，并认为技术是重要源泉。但是该理论的缺陷是不能阐明技术进步的决定作用（只是作为余值部分），不能解释为何具有大致相同技术水平的不同国家余值存在巨大差异。

四是内生增长理论（Theory of Endogenous Growth），是产生于 20 世纪 80 年代中期的一个西方宏观经济理论分支。其核心思想是经济能够不依赖外力推动实现持续增长，内生的技术进步是保证经济持续增长的决定因素。代表模型有：

罗默的知识溢出模型。曾经获得诺贝尔经济学奖的美国著名经济学家罗默（P. M. Romer）[①] 在 1986 年所写的有关经济增长的著作《收益递增经济增长模型》中，就在收益递增模型中将知识创新和技术放入传统生产函数中：$Y = [K(t)]^{\alpha}[(1 - \alpha)L(t)A(t)]^{(1-\alpha)}$。罗默认为特殊的知识和专业化的人力资本是经济增长的主要因素，知识和人力资本不仅能使自身形成递增收益，而且是经济长期增长的重要源泉。他始终强调知识与技术对经济增长的作用，即强调收益与投入的生产要素和资源成正比例关系，但是其主要缺陷是没有研究初始的人力资本状况和对人力资本总量不变的假定。

卢卡斯的人力资本模型。美国经济学家卢卡斯（R. E. Lucas）[②] 在 1988 年出版的《论经济发展的机制》一书中首次提出了关于以人力资本为基础的内生增长模型。该理论认为人力资本的外部效用使生产过程具有递增收益的效果，并且进一步指出技术创新是经济成长的最主要源泉，揭示了人力资本与技术进步及经济增长之间的关系。所以，卢卡斯模型揭示了这样一个事实：人力资本增值越快，部门经济产出越快；人力资本增值越

---

① ROMER P M. Increasing returns and long-run growth [J]. Journal of political economy, 1986, 94：1002-1037.

② LUCAS R E. On the mechanics of economic development [J]. Journal of monetary economics, 1988, 22：783-792.

大，部门经济产出越大。所以，应强化人力资本存量投资，特别是增加教育事业投资以及科研投入，进而推动科技发展与进步。对此，内生增长理论的研究框架也实现了一定程度的突破，将人力资本、知识技术都引入了经济增长模型之中，以此来表明经济长期持续增长的关键，就在于对于人力资本和技术进步的相关投资。

五是罗斯托的经济成长的阶段理论。他的《经济成长的阶段：非共产党宣言》乃经济现代化经典理论的代表作。该理论按照科学技术、工业发展水平、产业结构和主导部门的演变特征，将一个地区、一个国家甚至全世界的经济发展历史分为六个成长阶段。一是传统社会阶段。该理论认为此阶段社会经济发展缓慢，生产力落后，没有现代科学技术，主要资源过多配置在农业，起主导作用的是家族和氏族；人均实际收入仅够维持生存。二是为起飞创造条件阶段。此阶段的近代科学知识开始在工业生产和农业革命中发挥重要作用，金融业和商业有了一定发展，为新的投资提供资金。三是起飞阶段。该阶段的农业劳动力逐渐从农业中解脱出来，城镇化大力发展，农村人口进入城市劳动，人均收入大大提高。此阶段有三个必要条件，即：要有较高的积累比例，使积累占国民收入的10%以上；要建立"起飞"的主导部门，使它发展较快并带动其他部门增长；要有制度上的改革，即建立一种能够保证"起飞"的制度，以推动经济的扩张。四是向成熟推进阶段。在该阶段，经济社会发展达到一个崭新的阶段，经济中已经有效地吸收了当时先进的技术成果，并有能力生产自己想要生产的产品。成长所依靠的是对供给方面的投资，也就是靠对工业设备部门的投资，并由此带动了经济快速增长。例如美国用了40多年的时间走完这一阶段。五是高额群众消费阶段。美国是最早进入该阶段的国家。此阶段技术工作和城市人口占比较大，工业高度发达，经济的主导部门转向耐用消费品的生产，社会对高额耐用消费品的使用普遍化。越来越多的资源用来生产耐用消费品。六是追求生活质量阶段。此阶段人民主要追求生活质量，人类社会不再只以物质产量的多少来衡量社会的成就，而是重视服务业的特别是教育、卫生保健、文化娱乐、市政建设、环境保护等。罗斯托的经济成长阶段论，对发展中国家有重大的启发和借鉴作用，但该理论忽略了生产关系变革对社会经济发展所起的重要作用。

（3）空间经济学理论

空间经济学的发展有180多年的历史，是一门区域科学、城市经济学、国际贸易学、经济地理学、经济史学等众多学科融合和交叉的学科。空间经济学研究资源的空间配置，涉及资源的空间配置和经济活动的空间区位问题，揭示经济活动的空间差异。具有代表性的有劳恩哈特和韦伯的工业区位理论、克里斯塔勒的中心地区理论、勒施的区位经济理论、克鲁格曼的经济活动空间区位理论。克鲁格曼（1991）把空间概念引入迪克希特-斯蒂格利兹的垄断竞争一般均衡分析框架，构建了空间经济学开山模型，即 CP 模型。总体而言，空间经济学主要观点有：①经济系统内生的循环累积因果关系决定了经济活动的空间差异。宏观的经济活动空间模式是微观层次上的市场接近效应和市场拥挤效应共同作用的结果。②即使不存在外生的非对称冲击因素，经济系统的内生力量也可以促使经济活动产生空间差异，随之初始均衡分布结构演变为非均衡分布结构。③在某些临界状态下经济系统的空间模式可能发生突变。这种从量变到质变的经济特征告诉我们，按照传统的线性思维预测政策变动的效应，有时会导致严重的失误。④空间经济学第二个突出的特征是区位的黏性。正因为这种黏性的存在，任何区域的经济在短期内都相对稳定。由此，应通过区位聚集中的"路径依赖"现象，研究经济活动的空间聚集。所谓"路径依赖"，指一旦进入某一路径就可能对这种路径产生依赖。⑤人们预期的变化对经济路径产生极其深刻的影响。经济活动的空间模式多保持长期稳定均衡，进而出现不同产业分布模式相互叠加的情况。⑥产业聚集带来聚集租金。当出现产业聚集区时，可流动要素将选择这种聚集区，因为在聚集区可以得到聚集租金。即当产业聚集在某一区域并保持稳定均衡时，经济政策的边际变动不会带来经济状况的变化，核心主线是聚集，呈现循环累积的自我实现机制和预期作用。空间经济学是区域协调发展战略的经济理论基础，必将大大拓展我国城市经济学与区域经济学的研究领域和研究思路，创新研究方法。

（4）区域协调发展理论

区域协调发展理论经历了新古典经济学的区域均衡增长理论、区域非均衡增长理论，而区域非均衡增长理论包括增长极理论、不平衡增长理论、中心外围理论、倒"U"形理论、区域经济发展梯度转移理论等。下面对几种典型的相关理论做简单介绍。

一是区域均衡增长理论。主要包括纳尔逊（R. R. Nelson）的低水平陷阱论、赖宾斯坦（H. Leibenstein）的临界最小努力命题论、罗森斯坦和罗丹（Rosenstein-Rodan）的大推进理论。区域均衡增长理论建立的要素区际流动机制的确能够弱化区际经济发展的非均衡状态。其基本假说是，区域之间要素报酬的差别会通过要素流动趋向均衡。也就是说，市场机制的作用最终会消除区域之间人均收入的差别，导致经济增长的均衡。受收益最大化规则支配，要素会自发地流向有利区域，这一过程的持续进行会导致区域间差异缩小。因此，区域发展是倾向于均衡的，但是以上分析是在比较静态的条件下进行的，并考虑了市场机制的局限性，这就会弱化区际经济发展的非均衡程度。

二是增长极理论。增长极理论由法国经济学家佩鲁（Francois Perroux）在 1955 年首次提出①。该理论把特定的地理空间作为增长极，以带动国家经济发展，故被认为是西方区域经济学中区域经济概念的基石。其主要观点有：区域经济发展主要依靠条件较好的少数地区和少数产业带动，应把少数区位条件好的地区和少数条件好的产业培育成经济增长极；经济空间存在着诸多天然形成或自上而下构成的中心或极，增长极形成与发展过程会产生极化效应和扩散效应，从而形成一定空间范围的类似磁极作用的"磁场"区域；其地理空间表现为一定规模的城市，必然存在推进性的主导工业部门和不断扩大的工业综合体，具有扩散和回流效应。该理论的缺陷是增长极存在极化作用，扩散阶段前的极化阶段时间过于漫长，是一种"自上而下"的区域发展模式，它单纯依靠外力，可能造成脆弱的国民经济等。

三是中心外围理论。该理论在 1966 年首先由美国地理学家弗里德曼（J. Friedmann）② 提出。该理论的基本观点有：在区域经济增长过程中，核心区是社会地域组织的一个次系统，核心动力在于中心地区的创新活动，核心区系统向其所支配的外围区传播创新成果，经济增长速度快，从而有助于相关空间系统的发展壮大，因而"中心"的经济结构具有同质性和多样性；外围区是经济较为落后的区域，一般处在核心区外围，与核心区之间已建立一定程度的经济联系，具有资源集约利用和经济持续增长等

① PERROUX F. A note on the notion of growth pole [J]. Applied economy, 1955, 1（2）: 307-320.

② FRIEDMANN J. Regional development policy: a case study of Venezuela [J]. Urban studies, 1966, 4（3）: 309-311.

特征，但必须依附核心区；在区域经济增长过程中，核心与外围之间存在着不平等的发展关系，两者由孤立的、不平衡的关系演变为相互关联的、平衡发展的区域系统。

四是倒"U"形理论。威廉姆森（Williamson）[1]在1965年提出倒"U"形理论，认为经济的发展是通过区域发展不平衡来实现平衡发展的。经济发展初期区域差异逐步扩大。随着经济发展，区域间不平衡将保持稳定甚至趋于缩小，趋向平衡发展。这个变化过程就好像倒写的"U"字。

五是区域经济发展梯度转移理论。该理论源于美国哈佛大学教授弗农（Vernon）在1966年提出的产品生命周期理论。该理论认为区域间存在经济与技术的梯度差异，工业各部门及各种工业产品都处于生命周期不同发展阶段，即要经历创新、发展、成熟、衰退四个阶段；每个区域都处在一定发展梯度上，产业和技术随时间推移会由高梯度区扩散到低梯度区，出现新行业、新产品、新技术。

3.2 新时代区域经济高质量发展的思想渊源

我国古代国家经济治理思想在春秋战国时期的社会变革中形成并吸取了不同学派的思想，主要包括以下三种思想：一是农本思想。农本思想是我国古代的价值观，自然经济和农耕的大量存在是农本思想的客观基础。农本思想强调发展农业是经济工作的首位，在我国古代经济治理思想中占据主导地位。其核心是把农业看成国家最重要的经济部门和主要的财政来源，把农民当作主要的统治基础和人力资源。例如，管子在《管子·轻重甲》中称"一农不耕，民或为之饥；一女不织，民或为之寒"，就充分强调了农业是衣食之源。再比如商鞅变法就是重农抑商的典型事例。二是民本思想。民本思想经历了从"重天"到"敬德保民"，再从"重民轻天"到"民贵君轻"这样的发展历程。民本思想的内涵主要包括畏民重民、体察民情民意和爱民恤民三个部分，让广大人民在一定程度上能够安居乐业，是小农经济地位的重要体现。以孔孟为代表的儒家学派所倡导的民本论最为详细具体。例如：孔子在《礼记·缁衣》中提出"民以君为心，君

---

① WILLIAMSON J G. Regional inequality and the process of national development: a description of the patterns [J]. Economic development and cultural change, 1965, 13 (4): 1-84.

以民为体""君以民存，亦以民亡"，在《论语·学而篇》中称"节用而爱人，使民以时"；管子在《管子·牧民》中说："政之所兴，在顺民心；政之所废，在逆民心。"这些都充分体现了重视民众从而"固本"以"宁邦"的作用。三是政府干预思想。古代政府干预思想来源于"轻重论"思想。《管子》一书中的《轻重》篇就体现了管仲对于宏观经济规制的想法。所谓"轻重论"就是国家从宏观层面进行管理和调控社会经济的理论，国家利用商品货币流通规律直接参与市场活动，从而实现对国民经济的全方位干预与控制。这些理论包含了关于价格、货币和商品管理等的理论。

马克思主义政治经济学是马克思主义的重要组成部分，而马克思关于经济发展的理论则是马克思主义政治经济学的具体体现。马克思的经济发展理论遵循从实际出发、实事求是的研究方法，在论述经济问题的《1857—1858 年经济学手稿》《资本论》《政治经济学批判大纲》《剩余价值论》《家庭、私有制和国家的起源》《关于自由贸易的演说》等专著中，形成了深刻而丰富的经济发展理论。其主要观点如下：

一是经济发展的根本目的是满足人的需要、实现人的全面自由发展。马克思主义经济发展理论需要回答的基本问题是什么是经济发展，我们需要什么样的经济发展。人是经济活动的主体，研究经济发展要立足于"人"，要深刻理解和全面分析"人的需要"和"人的行为"。经济发展的首要任务就是生产能够满足人们生活需要的物质生活资料，解决温饱问题，进而满足人的其他多方面需要。马克思将人类的需要分为生存需要、发展需要和享受需要，以及个人（家庭）需要和社会公共需要，因而经济发展的内容在社会发展的不同阶段也会不尽相同。必须是"建立在个人全面发展和他们共同的社会生产能力成为他们的社会财富这一基础上的自由个性，是第三个阶段。"① 这一阶段使人的个体得到了全面的、充分的发展。因此，经济发展的最终目的是满足人的需要，实现"人的全面发展"，离开了人的全面、自由的发展，任何发展都会黯然失色。

二是经济发展水平的评价与度量。马克思的商品和劳动二重性学说表明可以通过该社会所生产的使用价值的数量和所创造的价值量评价和衡量一个社会的经济发展水平。物质资料的生产是经济发展的基础性内容，是

---

① 马克思，恩格斯. 马克思恩格斯全集：第46卷（上）[M]. 中共中央马克思恩格斯列宁斯大林著作编译局，译. 北京：人民出版社，1979：104.

人与自然之间的关系和人与人之间的关系的反映。这就是说，可以通过生产力和生产关系两个方面考察物质资料的生产活动。而人无论在什么社会始终都是物质资料生产活动的唯一主体，各种物质资料的生产活动总是围绕人的生存、发展需要展开的，而且总是在特定的生产关系和自然环境中进行的。由此可见，经济发展包括社会生产力、生产关系和人自身的发展，还包括上层建筑的发展以及各类自然条件（如土地、空气、水、阳光等）的改善。而评价社会生产力可以从劳动者和劳动资料两方面进行。评价社会生产关系可以从与社会生产力发展的适应性以及与人自身发展的适应性两方面进行。人自身的发展可以从社会的文明程度、人们的受教育程度、健康水平和寿命等方面评价。上层建筑的发展水平可以从国家法制、治理水平、安全性、公平正义等方面评价。自然条件可以从土地和矿产资源的有效利用，空气、水、土壤的污染程度，生物多样性，森林和植被覆盖率等生态环境方面评价。所以马克思指出："它事实上只决定有目的的生产活动在一定时间内的效率。"① "人们的观念、观点和概念，一句话，人们的意识，随着人们的生活条件、人们的社会关系、人们的社会存在的改变而改变。"②

三是经济发展的根本动力和影响因素。马克思认为先进社会制度能促进生产力的发展，大大解放生产力，因此社会变革是经济发展的根本动力。马克思在著作中也广泛讨论了影响经济发展的因素。这些因素主要包括：第一，技术进步。马克思认为："随着大工业的发展，现实财富的创造较少地取决于劳动时间和已耗费的劳动量，较多地取决于在劳动时间内所运用的动因的力量，而这种动因自身——它们的巨大效率——又和生产它们所花费的直接劳动时间不成比例，相反地却取决于一般的科学水平和技术进步，或者说取决于科学在生产上的应用。"③ 第二，部门优先顺序的选择。第三，自然条件。第四，贸易。马克思认为贸易保护对本国经济的发展具有双重效应，即可以为本国的经济发展提供有利的条件，但是也会带来一定的副作用。

四是关于经济增长的源泉。从马克思的商品二因素和劳动二重性学说

---

① 马克思. 资本论：第 1 卷 [M]. 北京：世界名著译文社，1936：366.

② 马克思，恩格斯. 马克思恩格斯文集：第 2 卷 [M]. 北京：人民出版社，2009：50-51.

③ 马克思，恩格斯. 马克思恩格斯全集：第 46 卷（下）[M]. 中共中央马克思恩格斯列宁斯大林著作编译局，译. 北京：人民出版社，1979：217.

可知人类的劳动和自然条件是社会财富的源泉，其揭示了剩余价值的真正来源，为创立剩余价值理论奠定了基础。具体劳动创造使用价值，抽象劳动创造价值。"劳动是财富之父，土地是财富之母。"① 由于商品的价值是人类一般的抽象劳动的凝结，因此，人类劳动是作为价值形式的社会财富的唯一源泉。

总体而言，马克思经济发展思想是以辩证唯物主义和历史唯物主义为理论基础，科学分析了经济活动的发展观，系统考察了物质资料生产和人类自身生产的均衡关系，肯定劳动创造财富，特别指出人的全面、自由发展才是目的。这是真正关于区域经济高质量发展的科学认知，为区域经济高质量发展思想的完善提供了无限的启迪和坚实的理论基础。

无论是在新民主主义革命时期，还是在新中国成立后，毛泽东都十分重视经济建设，即使在最艰苦的战争环境下，毛泽东也始终坚持经济工作，并且是全党全军中唯一一个在革命战争进行的同时还十分重视经济工作的高级领导人。土地革命时期，毛泽东就十分注重经济工作问题，在1927年2月撰写的《湖南农民运动考察报告》中就提出了如何发展农村经济的一些问题，如：不宰杀耕牛，修道路，修堤坝，以及开展合作社运动等。井冈山时期，毛泽东在1933年8月撰写了《必须注意经济工作》的专文，"要求我们动员群众，立即开展经济战线上的运动"，提出了以经济工作来支援革命战争的思想。在延安时期，毛泽东发表了《抗日时期的经济问题和财政问题》（1942年），提出"发展经济，保障供给"，以后又撰写了《必须学会做经济工作》（1945年1月10日）、《游击区也能够进行生产》（1945年1月31日）、《论军队生产自给，兼论整风和生产两大运动的重要性》（1945年4月27），提出了"自力更生""生产自足"的口号。1948年在《在晋绥干部会议上的讲话》中完整提出了新民主主义革命时期的经济纲领②。1956年我国在社会主义制度基本建立以后，进行了伟大的社会主义改造，建立并奠定了中国经济社会发展的基础。这丰富和发展了马克思主义的国家资本主义学说。毛泽东积极探索如何以苏联为借鉴，寻找一条适合中国国情的社会主义建设道路。毛泽东在《论十大关系》中阐

---

① 马克思. 资本论：第1卷 [M]. 中共中央马克思恩格斯列宁斯大林著作编译局，译. 北京：人民出版社，2004：56-57.

② 包括没收封建地主阶级的土地归农民所有，没收以蒋、宋、孔、陈为首的官僚资本为新民主主义国家所有，保护民族工商业。

述了关于社会主义建设的具体规划、章程制定及基本关系，如重工业和轻工业、农业的关系，沿海工业和内地工业的关系等十大关系，进一步提出了"以农业为基础，以工业为主导"的发展国民经济总方针，对于我国国家经济重心的转移具有十分重要的意义。中共八大提出了"三个主体，三个补充"的重要思想，成为经济体制改革的初步探索。这些都是毛泽东关于社会主义建设工作开展的代表思想，并且对当时和未来的国家建设都起到了至关重要的作用。

总体而言，毛泽东对经济发展的论述为社会主义经济建设指明了方向，科学分析了社会主义社会的基本矛盾和发展动力问题，奠定了区域经济高质量发展理论体系的雏形，提供了理论构想和参考。

在全面推进社会主义现代化进程中，邓小平有一系列关于为什么要发展、实现什么样的发展、怎样实现发展的论述和思想，是经济高质量发展的主要渊源之一。下面就从四个方面简单梳理之。

第一，为什么要发展。1978 年，党的十一届三中全会及时、果断地将全党工作的重点和全国人民的注意力转移到社会主义现代化建设上来，发展成为新时期中国的主题。为了从理论上搞清怎么在实践中将工作重点转移到社会主义现代化建设上来，邓小平总结了正反两方面的历史经验和教训，不断强调发展的重要性，并且将发展视为社会主义的本质要求。他指出："经济长期处于停滞状态总不能叫社会主义。人民生活长期停止在很低的水平总不能叫社会主义。"[1] 邓小平南方谈话，更是对中国 20 世纪 90 年代的经济改革与社会进步起到了关键的推动作用。他指出："社会主义的本质，是解放生产力，发展生产力，消灭剥削，消除两极分化，最终达到共同富裕。"[2] "不坚持社会主义，不改革开放，不发展经济，不改善人民生活，只能是死路一条。"[3] "发展才是硬道理。"[4] 至此，邓小平理论的首要问题，即"什么是社会主义、怎样建设社会主义"才真正搞清楚。

第二，实现什么样的发展。这主要涉及以下几个方面：一是在推进社会主义现代化建设进程中，邓小平始终强调发展要保持一定的速度。"贫

---

① 邓小平. 邓小平文选：第 2 卷 [M]. 北京：人民出版社，1994：312.
② 邓小平. 邓小平文选：第 3 卷 [M]. 北京：人民出版社，1993：373.
③ 邓小平. 邓小平文选：第 3 卷 [M]. 北京：人民出版社，1993：370.
④ 邓小平. 邓小平文选：第 3 卷 [M]. 北京：人民出版社，1993：377.

穷不是社会主义，发展太慢也不是社会主义。否则社会主义有什么优越性呢?"① 进一步指出了社会主义不仅要发展，而且要实现比资本主义更快的发展，否则就不能体现出社会主义的优越性。二是发展要"按经济规律办事"，讲求效益，实现稳步协调发展。1992 年邓小平南方谈话，强调经济发展"不是鼓励不切实际的高速度，还是要扎扎实实，讲求效益，稳步协调地发展"②。三是发展的成果属于全体人民。邓小平始终强调我们的改革是社会主义制度的自我完善，我们发展的目的是提高人民群众的生活水平，成果是属于人民的，发展要紧紧依靠人民群众。

第三，怎样实现发展。这主要涉及以下几个方面：一是发展要紧紧依靠人民群众，这是马克思主义群众路线的具体体现。在发展过程中，邓小平总是将人民群众的根本利益看成最根本的目标，将人民群众答应不答应、高兴不高兴、赞成不赞成、拥护不拥护，作为判断我们改革和发展成功与否的标准。二是发展要"走自己的路"、不断"研究新情况、解决新问题"，不断总结经验教训。1982 年，在党的十二大上，邓小平提出"把马克思主义的普遍真理同我国的具体实际结合起来，走自己的道路，建设有中国特色的社会主义"③。三是在前进的道路上，我们要"摸着石头过河"，不断探索，开拓新路。邓小平指出我们在推进社会主义现代化建设中，必须要有"闯"的勇气和胆识，要敢于走出前人没走过的新路，这样才有出路，才会打开发展的新局面。

第四，"两手抓""两手都要硬"，是邓小平提出的重要的发展战略。在谋划发展的过程中，邓小平总是强调要"两手抓""两手都要硬"。一手抓经济建设，一手抓精神文明建设；一手抓改革开放，一手抓反腐败；一手抓民主，一手抓法制。"任何一只手削弱都不行。"④ "两手抓"的思想，生动体现了马克思主义的辩证法。

总体而言，邓小平一再强调"发展才是硬道理"，关于为什么要发展、实现什么样的发展、怎样实现发展的论述和思想，对于我国的经济发展具有显著的贡献，对新时代中国区域经济高质量发展有着重要的指导意义。中国特色社会主义进入新时代，要着力解决好发展不平衡不充分问题，大

① 邓小平. 邓小平文选：第 3 卷 [M]. 北京：人民出版社，1993：255.
② 邓小平. 邓小平文选：第 3 卷 [M]. 北京：人民出版社，1993：375.
③ 邓小平. 邓小平文选：第 3 卷 [M]. 北京：人民出版社，1993：3.
④ 邓小平. 邓小平文选：第 2 卷 [M]. 北京：人民出版社，1994：189.

力提升发展质量和效益，更好满足人民在经济、政治、文化、社会、生态等方面日益增长的需要，更好推动人的全面发展、社会全面进步。因此，我国不光要发展，还要追求更高层次、更高水平的发展，"高质量发展"是对"发展"质的提升和变革，经济高质量发展是邓小平经济发展观的本质要求。

把发展作为党执政兴国的第一要务，积极推动中国先进生产力的发展，建设社会主义物质文明，实现中国最广大人民的根本经济利益，形成了中国特色社会主义经济理论创新体系，这是"三个代表"重要思想在社会主义经济建设领域的具体展开和生动体现。

江泽民在中国特色社会主义经济建设领域的主要理论创新观点[①]有：我国正处于并将长期处于社会主义初级阶段，"要把集中力量发展社会生产力摆在首要地位""坚持党的基本路线不动摇，关键是坚持以经济建设为中心不动摇""集中力量把经济搞上去，实现中国的现代化，本身就是最大的政治""要集中力量解决好关系经济建设和改革全局的重大问题，使经济总量、综合国力和人民生活再上一个新台阶"；"公有制为主体、多种所有制经济共同发展"是我国社会主义初级阶段的一项基本经济制度，"非公有制经济是我国社会主义市场经济的重要组成部分"；"公有制实现形式可以而且应当多样化"；要"确立劳动、资本、技术和管理等生产要素按贡献参与分配的原则，完善按劳分配为主体、多种分配方式并存的制度"。"坚持效率优先、兼顾公平，既要提倡奉献精神，又要落实分配政策，既要反对平均主义，又要防止收入悬殊"；提出社会主义市场经济论，国有企业改革的方向是"建立现代企业制度"；在1997年党的十五大提出经济发展"新三步走战略"[②]，在2000年党的十五届五中全会提出"全面建设小康社会"的战略目标，"走以信息化带动工业化的新型工业化道路""推进经济结构战略性调整和经济增长方式的转变""坚持科教兴国和可持续发展""繁荣农村经济与加快城镇化进程""促进区域经济协调发展与推

---

① 中共中央文献编辑委员会. 江泽民文选 [M]. 北京：人民出版社，2006.
② 第一步，从2000年开始，经过十年奋斗，实现国民生产总值比2000年翻一番，使人民的小康生活更加宽裕，形成比较完善的社会主义市场经济体制；第二步，从2010年开始再经过十年的努力，到中国共产党成立一百年时，使国民经济更加发展，各项制度更加完善；第三步，到21世纪中叶中华人民共和国成立一百年时，基本实现现代化，建成富强、民主、文明的社会主义国家。

进西部大开发""扩大内需与积极融入经济全球化"以及"引进来"和"走出去"相结合的经济发展战略，构成了江泽民中国特色社会主义经济建设创新理论的主体内容。

总体而言，江泽民同志坚持解放思想、实事求是、与时俱进，提出了一系列关于我国社会主义经济建设的新思想，特别是将经济发展与人民群众实现共同富裕的目标结合，对于区域经济高质量发展理论具有重要的启迪意义，对指导我们加快推进社会主义现代化、全面建成社会主义现代化强国具有重要的现实意义。

2003 年 10 月，中共十六届三中全会明确提出科学发展观，创造性地回答了"实现什么样的发展、怎样发展"的问题，开拓了马克思主义中国化的新境界。胡锦涛关于经济发展的思想主要体现在科学发展观上。

科学发展观的具体内容分为以下几个方面：第一要义是发展，核心是以人为本，基本要求是全面协调可持续，根本方法是统筹兼顾。一是必须坚持发展为第一要义。坚持发展是硬道理的本质要求是坚持科学发展。二是必须坚持以人为本。以人为本就是以最广大人民的根本利益为本，坚持发展为了人民、发展依靠人民、发展成果由人民共享。三是必须坚持全面协调可持续发展，实现速度与结构、质量、效益相统一，经济发展与人口、资源、环境相协调。四是必须坚持统筹兼顾。从区域、经济社会、人与自然、城乡、国内国外等方面提出"五个统筹"，即统筹城乡发展、统筹区域发展、统筹经济社会发展、统筹人与自然和谐发展、统筹国内发展和对外开放。

总体而言，以人为本，全面、协调、可持续的发展观，要求在人口、资源、环境约束条件下，实现经济社会健康快速发展，科学回答了实现什么样的发展、怎样实现发展。这与经济高质量发展强调的"把新发展理念完整、准确、全面贯穿发展全过程和各领域，构建新发展格局，切实转变发展方式，推动质量变革、效率变革、动力变革，实现更高质量、更有效率、更加公平、更可持续、更为安全的发展"这些理念中，关于经济发展的目的、动力、方式、路径等一系列理论和实践问题的相关内涵具有一致性，同样对区域经济高质量发展理论具有重要的启迪意义。

3.3 新时代区域经济高质量发展的思想指引——习近平经济思想

在 2018 年中央经济工作会议上，正式提出了以新发展理念为主要内容的习近平新时代中国特色社会主义经济思想理论[①]。该理论是中国特色社会主义政治经济学的最新成果，是党和国家十分宝贵的精神财富，必须长期坚持、不断丰富和发展；该理论定位于实现三重目标，即实现高质量发展、建设现代化经济体系及满足人民日益增长的美好生活需要；该理论的提出为推动我国实现经济高质量发展提供了科学的理论指引，具有鲜明的政治性、突出的实践性、深彻的学理性；该理论丰富和发展了马克思主义政治经济学，对中国经验、中国方案、中国道路做出了经济学意义上全面而系统的创造性概括，破除了西方经济学一统天下的神话，改变了中国经验、中国方案、中国道路有理讲不出的被动局面。

习近平经济思想是新时代做好经济工作的根本遵循和行动指南，《习近平经济思想学习纲要》将其基本内容梳理归纳为十三个方面：明确加强党对经济工作的全面领导是我国经济发展的根本保证，要切实把党领导经济工作的制度优势转化为治理效能；明确坚持以人民为中心的发展思想是我国经济发展的根本立场，要把人民放在心中最高的位置，坚持在发展中保障和改善民生，坚定不移走共同富裕的道路；明确进入新发展阶段是我国经济发展的历史方位，要统筹中华民族伟大复兴战略全局和世界百年未有之大变局，增强机遇意识和风险意识，善于在危机中育先机、于变局中开新局；明确坚持新发展理念是我国经济发展的指导原则，要完整、准确、全面贯彻新发展理念，把新发展理念贯彻到经济社会发展全过程和各领域，真正做到崇尚创新、注重协调、倡导绿色、厚植开放、推进共享；明确构建新发展格局是我国经济发展的路径选择，要坚持扩大内需这个战略基点，使生产、分配、流通、消费各环节更多依托国内市场，形成国民经济良性循环，并努力实现国内国际双循环，进而不断提升国内大循环效率和水平；明确推动高质量发展是我国经济发展的鲜明主题，要坚持质量

---

① 人民日报评论员.坚持习近平新时代中国特色社会主义经济思想：论贯彻落实中央经济工作会议精神 [N].人民日报，2017-12-22 (1).

第一、效益优先，推动质量变革、效率变革、动力变革，加快建设现代化经济体系，努力实现更高质量、更有效率、更加公平、更可持续、更为安全的发展；明确坚持和完善社会主义基本经济制度是我国经济发展的制度基础，要毫不动摇巩固和发展公有制经济，毫不动摇鼓励、支持、引导非公有制经济发展，坚持按劳分配为主体、多种分配方式并存，充分发挥市场在资源配置中的决定性作用，更好发挥政府作用，加快完善社会主义市场经济体制；明确坚持问题导向部署实施国家重大发展战略是我国经济发展的战略举措，要全面推进乡村振兴，坚持实施区域重大战略、区域协调发展战略，深入实施以人为核心的新型城镇化战略；明确坚持创新驱动发展是我国经济发展的第一动力，要坚持创新在我国现代化建设全局中的核心地位，推进高水平科技自立自强，加快建设世界重要人才中心和创新高地；明确大力发展制造业和实体经济是我国经济发展的主要着力点，要坚定不移建设制造强国、质量强国、网络强国、数字中国，推进产业基础高级化、产业链现代化，加快建设现代化基础设施体系；明确坚定不移全面扩大开放是我国经济发展的重要法宝，要坚定实施对外开放基本国策，建设更高水平开放型经济新体制，推进共建"一带一路"高质量发展，推动经济全球化朝着更加开放、包容、普惠、平衡、共赢的方向发展；明确统筹发展和安全是我国经济发展的重要保障，要增强忧患意识，着力防范化解重大风险，扛稳粮食安全重任，保障国家能源安全，确保产业链供应链稳定安全，实现高质量发展和高水平安全良性互动；明确坚持正确工作策略和方法是做好经济工作的方法论，要坚持稳中求进工作总基调，坚持系统观念，坚持目标导向和问题导向相结合，坚持集中精力办好自己的事，坚持以钉钉子精神抓落实。

综上所述，习近平经济思想是中国经济高质量发展、全面建设社会主义现代化国家的科学指南，是党和国家十分宝贵的精神财富，也是世界经济发展史上十分宝贵的思想财富，要把习近平经济思想贯彻落实到经济工作各领域全过程。该经济思想所强调的五大发展理念、供给侧结构性改革、以人民为中心的发展、实施区域协调发展战略、开放型经济、构建现代化市场经济制度等有关内涵，与本书中所要探究的区域经济高质量发展的主要内容密切相关。

3.4　本章小结

　　本章主要结合研究目的，总结了新时代区域经济高质量发展的理论依据——包括可持续发展理论、西方经济增长理论、空间经济学理论、区域协调发展理论等，梳理了新时代区域经济高质量发展的思想渊源，指出了新时代区域经济高质量发展的思想指引——习近平经济思想。这些理论和思想指引为区域经济高质量发展理论提供了丰富启迪。

4 新时代区域经济高质量发展的理论探讨

3.4 本章小结

本章主要结合研究目的，总结了新时代区域经济高

基——包括可持续发展理论，西方经济增长理论，空间

均衡发展理论等，梳理了新时代区域经济高质量发展思

新时代区域经济高质量发展的思想指引——习近平

思想指引为区域经济高质量发展理论提供了丰富的

本章将探讨本研究所涉及的相关理论脉络。首先，剖析新时代的内涵
与特征、区域与区域经济的内涵、经济增长与经济发展的内涵及其相关关
系；其次，从质量定义出发，分析高质量发展的内涵、特征和"三个转
变"；最后，阐述新时代经济高质量发展的实践过程和典型案例、内涵与
理论推导。

4.1 新时代的内涵与特征

4.1.1 新时代的内涵

2021 年 11 月，中共十九届六中全会通过了《中共中央关于党的百年
奋斗重大成就和历史经验的决议》。这部文件将我国自建党以来的时间分
为四个历史时期：1921—1949 年的新民主主义革命时期；1949—1978 年的
社会主义革命和建设时期；1978—2012 年的改革开放和社会主义现代化建
设新时期；2012 年以后，即党的十八大以来的中国特色社会主义新时代。
中国特色社会主义进入新时代，中华民族迎来了从站起来、富起来到强起
来的伟大飞跃，实现第一个百年奋斗目标，开启实现第二个百年奋斗目标
新征程。在社会主义条件下实现现代化、实现中华民族的伟大复兴由梦想
变为现实，解决了新时代坚持和发展什么样的中国特色社会主义、怎样坚
持和发展中国特色社会主义这个重大时代课题。

进入中国特色社会主义新时代，就要努力缩小贫富差距，把实现全体

人民共同富裕作为发展目标，要以坚持和发展中国特色社会主义为主题。这表明我国已经日益走近世界舞台中央，并且为当代中国一切发展进步奠定了根本政治制度基础，成功进行改革开放新的伟大革命。中国特色社会主义新时代是承前启后、继往开来、在新的历史条件下继续夺取中国特色社会主义伟大胜利的时代，中国特色社会主义新时代也是决胜全面建成小康社会，进而全面建设社会主义现代化强国的时代。

4.1.2 新时代的特征

一是经济发展提质增效。由于传统的高污染、高消耗的发展模式难以为继，必须尽可能地多利用，少浪费，提高生活质量。通过不断贯彻新发展理念，加快建设创新型国家，提高资源配置水平，加大开放步伐，推动落后地区发展等措施，在推动经济总量不断扩大的基础上更加注重发展质量和效益提升，更加注重公平正义，更加注重协调发展，从而更好地满足人民对美好生活的需要。

二是推动人民生活水平显著提高。不断提高人民生活质量和水平，是我们党一切工作的出发点和落脚点，也是经济社会发展的根本目的。党的十八大以来，我们党提出了以人民为中心的发展思想，努力实现和满足人民在更满意的收入、更好的教育、更舒适的居住条件、更高水平的医疗服务、更可靠的社会保障、更丰富的文化生活等方面的期盼。我国综合国力显著增强，城乡居民收入大幅增长，收入差距持续缩小，居民食品消费实现从匮乏到富足的跨越，耐用消费品不断升级换代，交通通信方式从落后到现代，文教娱乐消费从单一到丰富，医疗卫生服务取得长足进步。

三是国家治理体系和治理能力现代化得到进一步夯实。党的十八大以来，我们党不断深化对治国理政规律的把握，将推进国家治理体系和治理能力现代化作为全面深化改革的总目标，并分为 2021 年、2035 年、2050年三个时间点阶段目标。我国已经在重要领域和关键环节改革上取得决定性成果，并且构建了系统完备、科学规范、运行有效的制度体系，在"五位一体"总体布局中推出 1 600 多项改革方案，"四梁八柱"制度体系基本形成，制度优势转化为治理效能明显增强。

四是全国各族人民的凝聚力和自信心不断增强。进入中国特色社会主义新时代以来，我国全面建成小康社会，是我们党向人民、向历史交出的一份优异答卷，无疑重塑了政党形象、国家形象和中华民族形象。在政党形象上，我们党诠释了中国共产党人的初心和使命，让人民感受到我们党全心全意为人民服务的情怀，体现了推动社会全面发展和进步的责任担当；在国家形象上，国家走上经济高质量发展道路，美丽中国建设持续推动，我国经济实力、科技实力、综合国力都实现历史性跨越，国际地位和影响力不断上升，国家话语权不断增强；在中华民族形象上，中华民族的伟大创造精神彰显，中华民族告别了绝对贫困，进入了伟大复兴不可逆转的历史进程，中华民族认同感有力明显提升。

五是社会主义制度的显著优势不断彰显。进入中国特色社会主义新时代以来，我们实现了第一个百年奋斗目标，彰显了中国共产党领导和中国特色社会主义制度优势。这主要表现在：在体现党的集中统一领导制度优势上，将精准脱贫作为全面建成小康社会要打赢的三大攻坚战之一，坚持党的集中领导，从而实现最大化的领导力、组织力、执行力；在体现集中力量办大事的制度优势上，做到全国一盘棋，强化东西部扶贫协作，集中全国大量的人力、物力、财力等各方面资源共同参与到社会扶贫中；在体现坚持以人民为中心的制度优势上，把人民对美好生活的向往当作奋斗目标，千方百计解决贫困地区行路难、吃水难、用电难、通信难、上学难、就医难等问题，让亿万中国人民生活日益改善；在体现统筹城乡民生保障的制度优势上，编织起了一张世界上最大的民生保障网，构建了相对完整的社会保障体系。这些都证明了只有社会主义才能救中国和发展中国，昭示科学社会主义在 21 世纪的中国焕发出强大的生机和活力。

4.2　区域与区域经济的内涵

4.2.1　区域的内涵

关于区域的内涵，不同的学者有不同理解。比如，熊德平[①]从社会学的视角指出区域主要是人口集中居住的地方，它具有历史、语言、民族等不同的社会特征。刘银[②]从哲学的视角，认为区域是人类社会开展集中实

①　熊德平. 农村金融与农村经济协调发展研究 [M]. 北京：社会科学文献出版社，2009：43-44.

②　刘银. 中国区域经济协调发展制度研究 [D]. 长春：吉林大学，2014：17.

践活动的地方，并集合了一定的生产力和生产关系。本书所指的区域就是地方或地区的泛指。本质上讲，区域是地理空间的一种分化，是一个整体的系统性概念，也就是一定的地理空间，主要包括生产力、生产关系、经济基础和上层建筑等方面。

区域一般具有结构上的一致性或整体性，而不是如环境按照单元关联性分化出来。这里的结构包括空间结构、城乡结构、资源-环境结构乃至于行政结构、文化结构和地缘结构等。在实际运用区域概念时，区域在不同场合具有三种意义，即均质区域、节点区域（节点系区域）和区域系统。均质区域被认为是个无结构的、处处具有统一特征或者至少具有同样的平均状况的面状单元。节点区域是区域的另一种理论模式。节点区域被认为是个无结构的以资源-环境为荷的点，类似于物理学的质点。在空间分析中，各区域单元常被视为节点。节点区域相互联系可形成一个节点体系。一个节点区域不是均质的，而是由某种相互联系或共同对外的响应特征所关联着的节点集合。不过节点区也是不可分割的，如果分割了就不是原来的节点区域。区域系统是对区域的第三种理解。它的意义是将区域视为一个有结构单元的整体。与环境不同——环境的构成单元主要是自然地理单元，区域系统的构成单元主要是人文地理单元。当我们同时考虑两种单元时，我们实际上说的是地区，一个被具体化的区域。

4.2.2 区域经济的内涵

区域经济是社会劳动分工协作的结果，是国民经济的组成部分，是以地方行政区为一定范围、在这片区域内发展的经济形式[①]。在长期的社会经济活动中，由于历史、地理、政治、经济以及宗教等因素的作用，一些在经济等方面联系比较频繁的居民区逐渐形成了各具特色的经济区。每个区域的经济发展都受到自然条件、社会经济条件和技术经济政策等因素的制约。水分、热量、光照、土地和灾害频率等自然条件都影响着区域经济的发展，有时还起到十分重要的作用；在一定的生产力发展水平条件下，区域经济的发展程度受投入的资金、技术和劳动等因素的制约，技术经济政策对于特定区域经济的发展也有重大影响。区域经济是一种独具特色的地方性经济，具有独特的地域性。

---

① 张杰. 区域经济、科技创新与物流产业耦合协调发展研究［D］. 天津：天津理工大学，2022.

区域经济包括以下基本内容：一是国际关系中经济发展和经济量的时空关系、分布状况及其运行机制和运行轨迹；二是世界经济现象与地理关系、地缘区位之间的相互作用及其规律；三是地理现象、地缘关系对国际社会经济文化的互动作用和影响；四是为当代各国国际战略、区域经济和文化发展战略提供理论依据，为经济、文化开发、设计、规划提供全方位的理论依据。在区域经济中，地理因素是其基本要素，一个国家的地理区位、自然资源会对国家的发展、国家经济行为产生重要影响。区域经济正是研究如何从地理的角度出发在国际竞争中保护国家的自身利益。

4.3 经济增长的含义与本质

4.3.1 经济增长的含义

经济增长属于宏观经济范畴，是宏观经济政策追求的目标之一。狭义的经济增长指 GDP（国内生产总值）增长，通常指在一个特定的时期内经济社会所生产的人均产量和人均收入的持续增长。总产出通常用 GDP 来衡量——包括用现价计算的 GDP 和用不变价格计算的 GDP。度量经济增长速度快慢的指标是经济增长率。经济增长率的高低体现了一个国家或地区在一定时期内经济总量的增长速度，也是衡量一个国家或地区总体经济实力增长速度的指标。拉动国民经济增长的有三大要素，分别是投资、出口和消费。用现价计算的 GDP，可以反映一个国家或地区的经济发展规模。更一般地来探讨，经济增长的含义是指，在一定时间内，一个经济体系生产内部成员生活所需商品与劳务潜在生产力之扩大。例如，通过实施积极财政政策，国家可以采取扩张性的利息、税收、财政和汇率政策来促使经济增长。经济正增长一般被认为是整体经济景气的表现。一个国家的国内生产总值增长为负数，即当年国内生产总值比往年减少，就叫作经济衰退。

按照马克思的观点，经济增长方式可归结为扩大再生产的两种类型，即内涵扩大再生产和外延扩大再生产。外延扩大再生产就是主要通过增加生产要素的投入，来实现生产规模的扩大和经济的增长。而内涵扩大再生产，主要通过技术进步和科学管理来提高生产要素的质量和使用效益，实现生产规模的扩大和生产水平的提高。对于经济增长方式，现代经济学从不同的角度将其分成两类，即粗放型经济增长方式和集约型经济增长方式。外延粗放型经济增长方式是指在生产技术水平较低情况下，主要依靠增加资源、扩大厂房、增加劳动等生产要素投入来增加产量的发展方式，但这种发展方式是靠高投入、高消耗、高污染来支撑的；内涵集约型经济增长方式是指在生产规模不变的基础上，采用新技术、新工艺，改进机器设备、加大科技含量的方式来增加产量的发展方式。

4.3.2　经济增长的本质

经济增长的本质就是财富增加，进而就业机会增加。目前比较认同财富是指具有可交换性的对象。如马克思认为，财富的实质是价值，价值是量上一定的可交换性。财富的表现是商品，在资本主义社会它包括一切精神的或物质的东西。所谓"可交换性"即交换双方在品种上的相互短缺性。换言之，这种财富不仅具有以货币衡量的等同性，即社会一般主观有用性，而且又在品种上为交换双方主体所缺乏。当然，可交换性的隐含前提是可以被独占和让渡。由于任何社会一般主观有用性的形成和发展，都必然有人的体力和脑力付出。因此，这种财富必然都含有所谓的人类抽象劳动，而且不管这种财富的具体表现形态是有形的还是无形的。

4.4　经济发展的内涵

4.4.1　经济发展的定义

《辞海》[1] 对于"发展"一词的解释是"事物由小到大、由简到繁、由初级到高级、由旧质到新质的运动变化过程"。在很多国家或地区，经济的快速发展都引发了这些国家或地区严重的资源消耗、环境破坏和分配不均等问题。因此，随着经济社会的发展，除了关注经济增长的速度，学者越来越关注经济增长的质量。经济发展是一个国家或者地区按人口平均的实际福利增长过程，不仅是财富和经济机体的量的增加和扩张，还包括经济质量的改善和提高，即经济结构、社会结构的创新，社会生活质量和投入产出效益的提高，人均寿命的延长及人的现代化进程加快等。简而言

---

① 夏征农，陈至立. 辞海 [M]. 上海：上海辞书出版社，1999.

之，经济发展就是在经济增长的基础上，一个国家或地区经济结构和社会结构持续高级化的创新过程或变化过程。经济发展不仅意味着国民经济规模的扩大，更强调经济发展质量和效益的提高。所以，经济发展涉及的内容超过了单纯的经济增长，比经济增长更为广泛。就当代经济而言，发展的含义相当丰富和复杂。发展总是与发达、与工业化、与现代化、与增长之间交替使用。一般来说，经济发展包括三层含义：一是经济量的增长，即一个国家或地区产品和劳务的增加，它构成了经济发展的物质基础；二是经济结构的改进和优化，即一个国家或地区的技术结构、产业结构、收入分配结构、消费结构以及人口结构等经济结构的变化；三是经济质量的改善和提高，即一个国家或地区经济效益的提高、经济增长的稳定性增强、卫生健康状况的改善、自然环境的优化、生态平衡的保持以及政治、文化和人的现代化进程。总之，经济发展包括经济结构的改进和优化、经济质量的改善和提高达到经济数量的增长等过程。

4.4.2　经济发展与经济增长的关系

经济发展与经济增长二者的概念曾被混淆，在日常生活中有时也默认二者含义一致，单纯地认为经济增长就是指经济发展。实际上，经济发展的内涵更广泛，经济发展的内容更复杂。经济增长是经济发展的物质保障。没有经济的增长，经济的发展就失去了条件和动力。经济发展是经济增长的延伸，是经济增长到一定阶段的产物，是经济增长的最终目标。经济发展的含义更广泛体现在经济发展包括经济增长，还包括人与自然的和谐关系和人自身的发展。经济发展的内容更复杂，体现在经济发展包括各个方面的共同变化，不单包括生产资料的消耗，还包括经济结构（包括需求结构、产业结构等）、科技进步、就业情况、能源环境等。经济增长与经济发展，前者注重经济数量上的增长，后者则更注重经济质量上的提高，更强调整个经济系统的协调和可持续发展。经济发展是经济增长的高级形态，是经济增长的升华和延续。经济增长与经济发展的关系是：经济增长主要强调量，经济发展主要强调质；经济增长是手段，经济发展是目的。一般而言，没有经济增长是不可能有经济发展的，而有经济增长也不一定有经济发展。

4.5 高质量发展的含义

4.5.1 质量的定义

质量的内容十分丰富，且随着社会经济和科学技术的发展，还在不断充实、完善和深化。同样，人们对质量概念的认识也经历了一个不断发展和深化的历史过程。一般质量有两层含义：一是表示事物的优劣程度，二是指事物的本质与特性。有代表性的概念有：①美国著名的质量管理专家朱兰（J. M. Juran）博士从顾客的角度出发，提出产品质量就是产品的适用性，即产品在使用时能成功地满足用户需要的程度。用户对产品的基本要求就是其适用性，适用性恰如其分地表达了质量的内涵。②美国质量管理专家克劳斯比从生产者的角度出发，把质量概括为"产品符合规定要求的程度"；美国质量管理大师德鲁克认为"质量就是满足需要"。

从经济学的基础理论看，所谓质量，就是指产品能够满足实际需要的使用价值特性。而在竞争性领域，质量还指具有更高性价比因而能更有效地满足需要的质量合意性和竞争力特性。随着中国经济从数量时代向质量时代转变，质量问题成为一个研究热点①。微观的质量经济实质上就是使人的幸福水平提升，使人的能力得到增强；中观和宏观质量经济实质上就是追求经济效率，实现国民素质优化，使经济社会实现均衡发展，最终实现人的全面而自由发展。

4.5.2 高质量的内涵定位

党的十九大报告明确提出"中国特色社会主义进入了新时代"。这个新时代的最大内涵，就是近代以来久经磨难的中华民族迎来了从站起来、富起来到强起来的伟大飞跃。高质量发展是未来更长时期我国经济社会发展的主题，关系到我国社会主义现代化建设的全局。推动高质量发展，是保持经济持续健康发展的必然要求。这是我国新时代经济发展的本质特征。

---

① 任保平. 新时代高质量发展的政治经济学理论逻辑及其现实性［J］. 人文杂志，2018（2）：26-34.

一是实现高质量发展必须坚持以人民为中心的发展。让人民群众成为高质量发展的最广大参与者，使广大人民群众积极参与高质量发展的能动性、创造性、独立性和自主性不断彰显。始终坚持抓住人民最关心最直接最现实的利益问题，在就业、教育、收入、社保、医疗、养老、居住、环境等各方面不断满足人民日益增长的美好生活需要；坚决把人民赞成不赞成、高兴不高兴作为制定政策的依据，让发展成果更多更公平惠及全体人民。

二是实现高质量发展必须坚持深化改革和法治相统一。党的十八大以来，我们党把全面依法治国纳入"四个全面"战略布局，高度重视运用法治思维和法治方式进行改革的顶层设计和总体规划，以法治凝聚改革共识，以法治巩固改革成果，从而保障了高质量发展有序推进。同时，更加注重以改革创新的时代精神推进高质量建设，坚持破除一切阻碍小康社会建成的观念和体制机制弊端，突破利益固化藩篱。更加注重创新和完善中国特色社会主义制度，不断构建新的体制机制，正是涉及科学立法、严格执法、公正司法、全民守法等领域的变革，有力促进了中国特色社会主义法治体系建设。

三是实现高质量发展必须坚持系统观念和底线思维相结合。始终坚持和树立系统观念和底线思维，是被实践验证的行之有效的方法论。这主要包括：在政治领域，既要坚持中国特色社会主义，又要在道路、方向等问题上确保立场坚定；在经济领域，既要全方位推进经济高质量发展，又要坚持稳中求进的工作总基调，守住经济基本盘；在意识形态领域，既要掌握意识形态领导权，又要坚守道德底线；在社会领域，既整体谋划民生社会中的工作，又强调社会政策兜底，守住事关人民利益和福祉的底线；在生态领域，既要整体规划、综合治理，又要守住生态和发展"两条底线"；在党的建设领域，既要全面从严治党，又要守住党保持与人民的血肉联系的底线。

四是实现高质量发展必须坚持发展是第一要务。党的十八大以来，贯彻新发展理念，坚决打赢脱贫攻坚战，全面建成小康社会如期实现，靠的是发展；未来全面建设社会主义现代化国家，实现国家繁荣富强，还要靠发展。同时高质量发展更是新时代的"升级版"。只有抓好发展、抓好高质量发展，才能顺应人民对美好生活的向往，才能让民生得到有效保障和改善，才能推动我国经济实力和综合国力不断实现新的跨越。坚持用发展的办法解决前进的问题，用发展解决好"发展起来以后的问题"，是我们党取得重大历史性成就的经验之一。

4.5.3 高质量发展的特征

自 2017 年党的十九大报告首次明确提出"高质量发展"概念后，关于高质量发展的研究逐渐成为中国理论界的研究热点。高质量发展是对经济社会发展的总要求，更是跨越中等收入陷阱的题中之义。当前中国的经济转型主要有两条线：一条是从旧动能转向新动能，另一条是从高速增长转向高质量发展。相较于已有研究成果，本研究主要有如下的特征：

一是表现为增长的稳定性。要确保经济不出现上下波动，就必须保持经济增速稳定，这体现在实体经济的物价稳定性上；衡量经济发展是否保持平稳的态势可以从三个方面进行：产出稳定、价格稳定和就业稳定。三者存在关联且产出稳定居于核心地位。产出稳定指实际产出波动维持在较低水平，一般在潜在产出附近窄幅波动，资源得到最优化配置和充分利用。产出稳定可以减小经济周期波动，提高经济增长的平稳程度进而提升经济增长质量。价格稳定指资源、工业品、商品等价格波动程度维持在可控水平，不存在恶性通货膨胀和通货紧缩现象。价格稳定可以最大限度发挥市场机制对资源配置的决定性作用，提高资源使用的效率，提升经济增长质量。就业稳定不仅与经济成长高度关联，而且关乎民生。

二是表现为发展的均衡性。消除发展的不平衡性，推动经济高效增长，实现经济的提质增效，从而有利于促进城乡之间、区域之间的均衡发展；更加重视区域发展战略和政策安排的均衡性导向，既要发挥国家战略和政策的统筹作用，又要发挥市场在资源配置中的决定性作用，以有序竞争的方式实现区域间资源有效配置。只有将高质量发展与经济发展的阶段性相联系，深刻认识高质量发展是经济发展的必经阶段、契合经济发展的客观规律，追求"质量优势"和"效益优势"，才能进一步增强推动经济高质量发展的自觉性和坚定性。

三是表现为环境的可持续性。这就需要有长远的可持续发展理念，提升生态保护的政治自觉，大力推进绿水青山建设，创造更多的生态财富，满足人民日益增长的对美好生态环境的需要；在盲目扩张与粗放方式下，虽然也可以实现高速经济增长，但往往不可持续，甚至会引发经济危机。因此，盲目扩张与粗放方式的高速增长是不可取的。高质量发展是可持续增长。可持续增长需要认真考虑各种经济资源及社会资源的承受能力，不能以为经济增长可以为所欲为，任意提高增长速度。这就是一些国家在经济高速增长期却爆发各种社会危机的原因。因此，要做到高质量发展，就必须遵守客观规律，坚持以习近平经济思想为指导，促进人和自然和谐共生的现代化，保证经济平稳可持续发展。

四是表现为社会的公平性。公平正义是高质量发展的前提，因此要坚持以人民为中心的发展思想，社会必须坚持全面发展，使广大民众共享社会发展成果。经济增长的最终目的是造福于人民，提高各个阶层的人民福祉；如果经济增长没有达到这个目的，甚至造成了各个社会阶层之间的对立，那么这种经济增长就是以社会动荡为基础的经济增长，我们需要的显然不是这种经济增长。因此，在高质量发展中促进共同富裕，是中国现代化建设的应有之义。我们要实现的共同富裕，是全体人民的共同富裕，不是少数人的共同富裕。实现高质量发展就是要把做大蛋糕和分好蛋糕有机统一起来，处理好公平和效率的关系，实施初次分配强调效率、再分配更加注重公平的有效社会财富调节机制，最终达到共同富裕。

4.5.4 高质量发展的"三个转变"

一是由"数量追赶"向"质量追赶"转变。经过改革开放后的快速发展，我国经济发展取得显著成效。但是高投入、高能耗、高污染的粗放型发展难以为继，"数量追赶"导致出现严重的产能过剩，"好不好"的矛盾日趋凸显。因此，需要由"数量追赶"向"质量追赶"转变，着力把快速发展的数量优势转变为不断增强的质量优势。这就决定了高质量发展阶段的主要任务就是要转向"质量追赶"，摒弃以数量指标衡量增长的传统做法，促进中国经济转型升级，破除 GDP 政绩锦标赛驱动机制，转向以质量追赶为特征，为全面实现社会主义现代化强国的发展目标打下坚实基础。

二是由"要素驱动"向"创新驱动"转变。随着近年来劳动年龄人口逐年减少，人口数量红利快速消失，土地、资源供需形势发生变化，生态环境硬约束强化，过去依赖资金、资源、人力等生产要素投入驱动经济增长的做法已不适应新时代的发展要求。这个阶段，制约发展的瓶颈是创新能力不足，必须把发展基点放在创新驱动上。科技是第一生产力，创新是引领发展的第一动力。要重视创新带来的"乘数效应"。通过创新引领，推进创新动能转换无疑已经成为我国经济发展的迫切要求。依靠创新推动经济发展的质量变革、效率变革、动力变革，依靠科技创新转换发展动力，推动中国经济不断提质增效，从而迈上新台阶。

三是由"改变落后的社会生产"向"解决不平衡不充分的发展问题"转变。我国社会主要矛盾已经转化为人民日益增长的美好生活需要和不平衡不充分的发展之间的矛盾，发展中的矛盾和问题更多体现在发展质量上。这种矛盾表现为生产力发展水平高低不一，经济发展不是产能不足及总量问题，而是结构性问题，而结构性问题本身就是发展质量不高的问题。因此，要针对社会生产力发展不平衡不充分的问题，针对经济发展质量和效益不高的问题，大力提升发展质量和效益，更好满足人民对美好生活日益增长的需要，更好推动人的全面发展，努力实现更高质量发展，从而解决好发展不平衡不充分的问题。

4.6 新时代区域经济高质量发展的实践过程和典型案例

4.6.1 实践发展过程

1956 年党的八大提出，遵循"既反冒进又反保守，在综合平衡中稳步前进"的经济建设方针。1961 年 1 月中共八届九中全会决定对国民经济实行"调整、巩固、充实、提高"的八字方针，同样体现了这样的精神。党的十三大明确提出了党的基本路线①，其实质就是要以经济建设为中心。到党的十九大以前，国家相关政策方针和会议内容，虽然没有明确提出经济高质量发展的主题，但是均与经济高质量相关现实问题密切相关，如表4-1 所示。党的十八大以来，我们党对经济发展的规律性认识进一步深化，我国经济发展的环境、条件、任务、要求等发生了一系列新变化。2017 年10 月，党的十九大报告明确指出："我国经济已由高速增长阶段转向高质量发展阶段。"这是首次提出关于高质量发展的新表述，也是以习近平同志为核心的党中央根据国际国内环境变化，特别是我国发展条件和发展阶段变化作出的重大判断。2017 年 12 月 18 日中央经济工作会议指出："经济发展是一个螺旋式上升的过程，上升不是线性的，量积累到一定阶段，必须

---

① 领导和团结全国各族人民，以经济建设为中心，坚持四项基本原则，坚持改革开放，自力更生，艰苦创业，为把我国建设成为富强、民主、文明的社会主义现代化国家而奋斗。

转向质的提升，我国经济发展也要遵循这一规律。"2018 年 3 月，政府工作报告围绕高质量发展提出深度推进供给侧结构性改革等 9 方面的部署。2019 年 10 月，党的十九届四中全会通过的《中共中央关于坚持和完善中国特色社会主义制度 推进国家治理体系和治理能力现代化若干重大问题的决定》指出："坚持和完善社会主义基本经济制度，推动经济高质量发展。""全面贯彻新发展理念，坚持以供给侧结构性改革为主线，加快建设现代化经济体系。"会议从发展理念、工作主线和经济体系三个层面勾勒出推动经济高质量发展的基本框架。2020 年中央经济工作会议指出，要着力推动经济高质量发展，坚持质量第一，效益优先，全面提高经济整体竞争力。这主要从质和量辩证统一的视角说明了推动经济高质量发展的重要性。2020 年 1 月 3 日，习近平总书记在召开的中央财经委员会第六次会议上指出"在西部形成高质量发展重要增长极"；2020 年 4 月，习近平总书记在陕西考察时指出："我国经济稳中向好、长期向好的基本趋势没有改变。要加快转变经济发展方式，把实体经济特别是制造业做实做强做优，推进 5G、物联网、人工智能、工业互联网等新型基建投资，加大交通、水利、能源等领域投资力度，补齐农村基础设施和公共服务短板，着力解决发展不平衡不充分问题，推动经济高质量发展迈出更大步伐。"2021 年 5 月国家正式出台《中共中央 国务院关于支持浙江高质量发展建设共同富裕示范区的意见》。2021 年 8 月，国家发展改革委印发《"十四五"推进西部陆海新通道高质量建设实施方案》，推动西部地区加快开放融合发展。2021 年 11 月，党的十九届六中全会通过的《中共中央关于党的百年奋斗重大成就和历史经验的决议》强调，必须实现创新成为第一动力、协调成为内生特点、绿色成为普遍形态、开放成为必由之路、共享成为根本目的的高质量发展，推动经济发展质量变革、效率变革、动力变革。2022 年 10 月 16 日党的二十大报告指出，高质量发展是全面建设社会主义现代化国家的首要任务。综上所述，我国对经济高质量发展的认识不断深化。

表 4-1 新中国成立以来经济发展质量的相关会议及内容

年份	会议名称	相关内容
1956	中国共产党第八次全国代表大会	要求遵循"既反冒进又反保守，在综合平衡中稳步前进"的经济建设方针
1981	中国共产党第十一届中央委员会第六次全体会议	强调中国主要矛盾为人民日益增长的物质文化需要同落后的社会生产之间的矛盾
1981	中华人民共和国第五届全国人民代表大会第四次会议	会议通过了以提高经济效益为中心的十条国民经济发展方针，此后，党和政府的文件中开始使用"经济效益"一词
1982	中国共产党第十二次全国代表大会	要求从 1983 年到 1987 年实现国家财政经济状况根本好转，即全国各行各业经济效益显著提升
1987	中国共产党第十三次全国代表大会	指出必须坚定不移地贯彻执行注重效益、提高质量、协调发展、稳定增长的发展战略
1997	中国共产党第十五次全国代表大会	强调要建立相对完善的社会主义市场经济体制，保持国民经济持续快速健康发展，要求在经济结构优化、科技发展与对外开放等方面获取改革的实质性进展
2002	中国共产党第十六次全国代表大会	要求不断扩大内需，实行科教兴国战略与可持续发展战略，实现速度与结构、质量、效益的统一，经济发展与人口、资源、环境的协调，以及保证人民共享发展成果
2007	中国共产党第十七次全国代表大会	强调以科学发展观为指导思想，逐步解决结构性矛盾、转变粗放型增长方式等，明确要求增强发展协调性与实现经济又好又快发展
2012	中国共产党第十八次全国代表大会	强调"坚持发展是硬道理的本质要求就是坚持科学发展，把推动发展的立足点转到提高质量和效益上"
2017	中国共产党第十九次全国代表大会	指出中国经济已由高速增长阶段转向高质量发展阶段，强调"必须坚持质量第一、效益优先"
2022	中国共产党第二十次全国代表大会	指出高质量发展是全面建设社会主义现代化国家的首要任务

4.6.2 典型区域案例

党的十九大正式提出区域协调发展战略，并将其纳入国家七大战略之中，意味着我国进入了实施区域协调发展战略的新阶段。按照高质量发展的要求，精准实施区域协调发展战略，加快建设彰显优势、协调联动的城乡区域发展体系，优化构建支撑现代化经济体系的空间格局，促进特色经济空间优化升级。下面对典型区域的高质量发展进行概述。

1. 京津冀协同发展区

（1）概况

2014年2月26日，习近平总书记在北京主持召开座谈会，专题听取京津冀协同发展工作汇报，强调实现京津冀协同发展。推动京津冀协同发展是一个重大国家战略。

京津冀地区是中国的"首都经济圈"，京津冀城市群包括北京、天津两大直辖市，更囊括了河北省保定、唐山、廊坊、石家庄、秦皇岛、张家口、承德、沧州、衡水、邢台、邯郸和河南省的安阳。京津冀地缘相接、人缘相亲，地域一体、文化一脉，历史渊源深厚、交往半径相宜，完全能够相互融合、协同发展。京津冀位于东北亚中国地区环渤海心脏地带，是中国北方经济规模最大、最具活力的地区，越来越引起中国乃至整个世界的瞩目。

（2）主要做法

一是打造"一核"，即北京。把有序疏解非首都功能、优化提升首都核心功能、解决北京"大城市病"问题作为京津冀协同发展的首要任务。首都乃核心的世界级城市群、区域整体协同发展改革引领区、全国创新驱动经济增长新引擎、生态修复环境改善示范区。二是打造"双城"，即北京、天津。这是京津冀协同发展的主要引擎，要进一步强化京津联动，全方位拓展合作广度和深度，加快实现同城化发展，共同发挥高端引领和辐射带动作用。三是打造"三轴"，即京津、京保石、京唐秦三个产业发展带和城镇聚集轴，这是支撑京津冀协同发展的主体框架。四是打造"四区"，即中部核心功能区、东部滨海发展区、南部功能拓展区和西北部生态涵养区，每个功能区都有明确的空间范围和发展重点。"多节点"包括石家庄、唐山、保定、邯郸等区域性中心城市和张家口、承德、廊坊、秦皇岛、沧州、邢台、衡水等节点城市，重点是提高其城市综合承载能力和服务能力，有序推动产业和人口聚集。京津冀协同发展面对的交通、生态环保问题同样如此。交通一体化，包含了若干重大投资项目，这些投资对提振落后地区的经济发展水平至关重要。投资需要配合区域内的人口、产业分布特征，避免盲目投资、重复投资、过度投资，延长投资的边际效应。这主要表现为地区居民收入差距缩小、公共服务均等化水平提高、教育机会和就业机会更加公平、扶贫攻坚工作取得突破。

2. 粤港澳大湾区

（1）概况

2017年3月，国务院总理李克强在政府工作报告中正式提出粤港澳大湾区概念，并将其上升为国家战略。2019年月2日，中共中央、国务院印发《粤港澳大湾区发展规划纲要》。粤港澳大湾区主要包括广东省的广州、深圳、珠海、佛山、惠州、东莞、中山、江门、肇庆9市和香港、澳门两个特别行政区，总面积为5.6万平方千米，是我国开放程度最高、经济活力最强的区域之一。其连接粤东西北等省内区域，辐射泛珠三角等区域，以打造粤西沿海高铁经济带。粤港澳大湾区建设是新时代打造全面开放新格局的重要实践尝试。

（2）主要做法

一是建设国际科技创新中心。深入实施创新驱动发展战略，深化粤港澳创新合作，构建开放型融合发展的区域协同创新共同体。加强创新基础能力建设。支持重大科技基础设施、重要科研机构和重大创新平台在大湾区布局建设。打造高水平科技创新载体和平台，加快推进大湾区重大科技基础设施、交叉研究平台和前沿学科建设。优化区域创新环境。创新机制、完善环境，将粤港澳大湾区建设成为具有国际竞争力的科技成果转化基地。建立大湾区知识产权信息交换机制和信息共享平台。

二是加快基础设施互联互通。构建现代化的综合交通运输体系，建设世界级机场群。畅通对外综合运输通道。完善大湾区经粤东西北至周边省区的综合运输通道；优化提升信息基础设施，推进粤港澳网间互联宽带扩容，全面布局基于互联网协议第六版（IPv6）的下一代互联网。推进新型智慧城市试点示范和珠三角国家大数据综合试验区建设。积极推动先进技术在香港、澳门、广州、深圳等城市使用，优化粤港澳大湾区能源结构和布局，建设清洁、低碳、安全、高效的能源供给体系。

三是构建具有国际竞争力的现代产业体系。加快发展先进制造业，围绕加快建设制造强国，完善珠三角制造业创新发展生态体系。提升国家新型工业化产业示范基地发展水平，以珠海、佛山为龙头建设珠江西岸先进装备制造产业带，以深圳、东莞为核心在珠江东岸打造具有全球影响力和竞争力的电子信息等世界级先进制造业产业集群。培育壮大战略性新兴产业。依托香港、澳门、广州、深圳等中心城市的科研资源优势和高新技术产业基础，充分发挥国家级新区、国家自主创新示范区、国家高新区等高端要素集聚平台作用。加快发展现代服务业，支持广州完善现代金融服务体系，建设区域性私募股权交易市场，建设产权、大宗商品区域交易中心，提升国际化水平。大力发展海洋经济。

四是推进生态文明建设。打造生态防护屏障，加强珠三角周边山地、丘陵及森林生态系统保护，建设北部连绵山体森林生态屏障。加强环境保护和治理，开展珠江河口区域水资源、水环境及涉水项目管理合作，重点整治珠江东西两岸污染。创新绿色低碳发展模式，推动大湾区开展绿色低碳发展评价，力争碳排放早日达峰。实施国家节水行动，降低能耗、物耗，实现生产系统和生活系统循环链接。推广碳普惠制试点经验。

五是建设宜居宜业宜游的优质生活圈。打造教育和人才高地，支持大湾区建设国际教育示范区，引进世界知名大学和特色学院，推进世界一流大学和一流学科建设。建设人才高地，打造更具吸引力的引进人才环境，实行更积极、更开放、更有效的人才引进政策，加快建设粤港澳人才合作示范区。构筑休闲湾区，优化珠三角地区"144小时过境免签"政策；拓展就业创业空间，完善区域公共就业服务体系，在深圳前海、广州南沙、珠海横琴建立港澳创业就业试验区；塑造健康湾区，发展区域医疗联合体和区域性医疗中心。促进社会保障和社会治理合作，推进社会保障合作。

3. 雄安新区

（1）概况

2017年4月1日，中共中央、国务院印发通知，决定设立国家级新区河北雄安新区。雄安新区位于太行山东麓、冀中平原中部、南拒马河下游南岸，地处北京、天津、保定腹地。雄安新区包括雄县、容城县、安新县三县及周边部分区域。2020年11月，雄安新区常住人口为1 205 440人。2019年，雄安新区地区生产总值为215亿元。

（2）主要做法

一是打造优美自然生态环境，统筹城水林田淀系统治理，做好白洋淀生态环境保护，实施白洋淀生态修复。恢复淀泊水面。建立多水源补水机制，统筹引黄入冀补淀、上游水库及本地非常规水资源。加强生态环境建设，开展大规模植树造林。开展大规模国土绿化行动。开展环境综合治理，推动区域环境协同治理。改善大气环境质量，优化能源消费结构，终端能源消费全部为清洁能源。

二是发展高端高新产业。承接北京非首都功能疏解。营造承接环境。打造一流硬件设施环境，有序推进基础设施建设。明确产业发展重点，重点发展下一代通信网络、物联网、大数据、云计算、人工智能、工业互联网、网络安全等信息技术产业。率先发展脑科学、细胞治疗、基因工程、分子育种、组织工程等前沿技术。聚焦人工智能、宽带通信、新型显示、高端医疗、高效储能等产业发展对新材料的重大需求。建设国际一流的科技教育基础设施。完善产业空间布局。构建一流的承接平台、基础设施、公共服务。

三是提供优质共享公共服务。布局优质公共服务设施，承接北京区域性公共服务功能疏解。提升公共服务水平，引进优质教育资源。高标准配置医疗卫生资源。建立完备的公共文化服务体系。围绕建设多层次公共文化服务设施，构建完善的全民健身体系。建设体育健身设施网络，大力发展健身休闲产业；以信息网络为技术支撑，努力创建智能型公共体育服务体系。提升社会保障基本服务水平。建立新型住房保障体系，优化居住空间布局，实现合理公交通勤圈内的职住均衡。

四是构建快捷高效交通网，加快建立连接雄安新区与京津及周边其他城市、北京新机场之间的轨道交通网络；完善雄安新区与外部连通的高速公路、干线公路网；坚持公交优先，综合布局各类城市交通设施，实现多种交通方式的顺畅换乘和无缝衔接，打造便捷、安全、绿色、智能交通体系。

4.7 新时代区域经济高质量发展的内涵与理论推论

4.7.1 内涵逻辑

中国经济从高速增长转向高质量发展，主要通过充分挖掘原有增长动力、增长质量、增长效率的潜力实现，因此要求进行动力变革、质量变革、效率变革；或者通过针对原有增长点不足或缺陷进行结构性调整，寻求新的增长均衡点的帕累托最优；还可通过基于经济系统维护的补短板，进行经济系统的根本性改造，推动经济提质增效。中国特色社会主义进入新时代后，促进区域经济高质量发展不仅要求整体把握好短期与长远、局部与整体等多重关系，还要正确处理好传统技术改造和新技术利用、产业升级与新兴产业、供给和需求、政府和市场等的关系，同时要符合我国高质量发展的阶段性特征和外部发展环境新变化。基于此，本研究从我国经济社会发展实际出发，结合新发展理念和"十四五"规划，突出自身特色，借鉴中国 2035 年远景目标，从以下方面阐述区域经济高质量发展的内涵逻辑主线。

1. 经济增长稳定是区域经济高质量发展的基础

我国经济高质量发展，是能够更好满足人民日益增长的美好生活需要的发展，是体现创新、协调、绿色、开放、共享发展理念的发展。国民经济建设的稳步进行是实现国民经济健康发展的重要前提，而经济运行变化既会干扰社会作出科学合理的预测，也会干扰社会发展的健康可持续成长。因此，国民经济健康成长在市场发展进程中发挥着重要作用，必须在质量效益明显提高的基础上实现经济社会持续健康发展。经济平稳增长是经济实现高质量增长的前提，离开了稳定性，过度的经济波动会破坏经济增长的内在运行机制和既有轨迹，而高质量发展则意味着需要确保经济增长平稳。近几年，我国经济发展较好，经济运行比较平稳，没有出现上下波动，体现了经济发展的稳定性。因此，要激发中国区域经济高质量发展动力，促使经济在合理区间运行，就必须提升经济发展的稳定性。

2. 创新驱动发展是区域经济高质量发展的第一动力

发展经济学将经济发展驱动力划分为要素驱动、投资驱动、创新驱动和财富驱动，其中创新驱动阶段是国家或区域经济转型发展的必经阶段。创新之所以成为发展的第一动力，是因为当今世界经济社会发展越来越依赖于理论、制度、科技、文化等领域的创新。进入技术创新发展的阶段，政府应当注重利用科技为社会经济发展服务，以技术创新带动做强实业经济，以落实国家创新驱动的战略。我国经济逐渐由依赖资本、劳动力投入向依靠创新驱动发展转变，推动战略性新兴产业加快发展，将提高创新驱动发展能力作为高质量发展的核心，实现效率变革，促进科技动力作用的增强，完成经济发展动力转变，推进经济社会发展转变的升华。通过依靠科技进步、劳动者素质提高、管理创新来驱动经济增长已经成为区域经济高质量发展的关键。因此，我国要实现区域经济高质量发展，必须将科技创新作为推动经济增长和结构优化的核心动力，加快实施创新驱动发展战略，全力提升创新供给能力。

3. 区域协调融合是区域经济高质量发展的内在要求

我国是一个大国，各地发展基础和条件各异，区域协调融合发展是现代化进程中必须面对的重大课题。进入新时代，我国区域一体化的协作机制还比较脆弱，区域各个行政单元对资源及产业的布局在一定程度上出现了恶性竞争等问题，区域发展不协调问题还没有得到根本解决。因此，在新时代必须重视"共享"和"协调"发展理念，应加大区域之间的关联和功能的提升，从而形成经济增长新动力。要注重融合发展，也就是跨行政区的融合，以便更好地破除地区之间利益藩篱和政策壁垒，加快形成区域协调发展新机制，进而提高国民经济运行效率。通过全面落实新发展理念，促进解决区域内发展不平衡、不充分问题，进而加快培育新的区域经济增长极。

4. 对外开放深化是区域经济高质量发展的重要动力

高质量发展阶段，改革开放依然是发展的必由之路和强大动力。从发展不平衡不充分来看，虽然主要原因是生产力发展水平不够高，但有些领域的发展不平衡不充分则与导致资源错配的体制机制弊端密切相关。目前，我国正在深入推进高水平对外开放，开放性经济的重要性日趋明显。面对新趋势，我们要建立全国创新型协作市场经济发展布局规划，广泛推进改革开放，积极参与到世界市场经济管理过程中，更加有效优化国家的开放布局方式，积极有效地使用外商资金，推动民营市场经济健康茁壮成长。降低贸易逆差，并灵活运用国际经贸规则，同时不断促进政府职能转变，减少政府在经济发展中的过多干预。因此，我国要实现区域经济高质量发展，必须重视制度建设，优化营商环境，强化对外开放的发展优势，以高质量的对外开放促进经济高质量发展，从而避免"污染天堂"在正常贸易过程中出现。

5. 生态环境优美是区域经济高质量发展的必经之路

绿色发展是当今世界潮流，更是新时代我国人民对美好生活的迫切需要，也是经济社会可持续发展的内在要求，因而是高质量发展的重要标志。党的十八大以来，习近平总书记对生态文明建设给予高度重视，大力倡导"绿水青山就是金山银山"理念。进入新时代以后，必须对工业化与城市化所带来的废水、废气、固体垃圾进行有效的处理。生态文明建设是关乎中华民族永续发展的根本大计，必须坚持可持续发展，更加自觉地推进绿色发展。生态环境形势严峻，人们需要清醒认识当前和未来的复杂局面，把绿色发展放在实现 2035 年、2050 年远景目标的大局中统筹谋划、系统部署、积极推进。在中国经济高质量发展过程中，要坚持社会主义系统建设观念，坚持把经济发展的全面绿色转变作为导向，切实提升人民群众的幸福感、获得感。因此，我国要实现经济高质量发展，加快形成促进绿色发展的政策导向，坚持环保化、低碳化方向，努力践行绿水青山就是金山银山的理念，倡导绿色出行等绿色消费方式，提供更多优质生态产品，不断丰富和发展经济发展中的财富观，从而不断推进美丽中国建设。

6. 人民生活幸福是经济高质量发展的根本目的

习近平总书记多次强调，江山就是人民，人民就是江山。中国的发展应该是一种惠及更多群众的包容式发展，在发展的过程中要让民众更有"获得感"①。改革开放以来，我们已经走在共享发展成果和逐步实现共同富裕的正确道路上。在新时代，坚持人的全面发展理念，要紧紧围绕打造高品质生活宜居地，注重在收入、教育、医疗、居住、文化等方面增强公共服务的供给质效，推动实现城乡基本公共服务均等化，不断提高广大群众对高品质生活的满意度。要做到经济社会改革与发展成果均为全民共有，以社会主义公平正义的核心价值构建促进人民共同富裕的社会体制机制，才能使广大民众共享经济社会成果。因此，要坚持在发展中保障和改善民生，在发展中补齐民生短板，如期实现脱贫攻坚任务，朝着共同富裕的目标不断前进，构建初次分配、再分配、第三次分配协调配套的制度体系；实现更高质量和更加充分的就业，不断满足人民日益增长的美好生活需要，从而不断增强人民的获得感、幸福感、安全感。真正做到发展为了人民、发展依靠人民、发展成果由人民共享，实现公平的发展。

综上所述，区域经济高质量发展的内涵是在新时代背景下，在经济效益、社会效益及生态效益最佳结合原则下，结合我国发展实际，在习近平新时代中国特色社会主义思想的指导下，坚持以经济增长稳定为基础，以创新驱动发展为核心，以区域协调融合为内在要求，以对外开放深化为重要动力，以生态环境优美为必经之路，最终促进人民生活幸福美满，从而推动中国经济提质增效。

---

① 习近平. 科学统筹突出重点对准焦距 让人民对改革有更多获得感 [N]. 人民日报，2015-02-28 (1).

4.7.2 理论推论

区域经济高质量发展过程是一个动态的涉及多维社会发展空间结构的复杂过程。我国进入新时代后，将区域经济高质量发展的理论与思考维度分为经济增长稳定、创新驱动发展、区域协调融合、对外开放深化、生态环境优美、人民生活幸福六个子系统，那么区域经济高质量发展的理论模型可表达为：

$$HED = HED(Eco，Inn，Coo，Ope，Gre，Wel) \qquad (4-1)$$

其中，HED 代表区域经济高质量发展水平，Eco 表示经济增长稳定，Inn 表示创新驱动发展，Coo 表示区域协调融合，Ope 表示对外开放深化，Gre 表示生态环境优化，Wel 表示人民生活幸福。假定（4-1）式各维度均大于 0，每个维度的提升都会带来正向效应，根据边际效应递减规律，可知：

$$\frac{\partial HED}{\partial Eco} > 0，\frac{\partial^2 HED}{\partial Eco^2} < 0 \qquad \frac{\partial HED}{\partial Inn} > 0，\frac{\partial^2 HED}{\partial Inn^2} < 0$$

$$\frac{\partial HED}{\partial Coo} > 0，\frac{\partial^2 HED}{\partial Coo^2} < 0 \qquad \frac{\partial HED}{\partial Ope} > 0，\frac{\partial^2 HED}{\partial Ope^2} < 0$$

$$\frac{\partial HED}{\partial Gre} > 0，\frac{\partial^2 HED}{\partial Gre^2} < 0 \qquad \frac{\partial HED}{\partial Wel} > 0，\frac{\partial^2 HED}{\partial Wel^2} < 0$$

进一步对模型（4.1）的全微分可得：

$$dHED = \frac{\partial Hea}{\partial Eco} \cdot dEco + \frac{\partial Hea}{\partial Inn} \cdot dInn + \frac{\partial Hea}{\partial Coo} \cdot dCoo + \frac{\partial Hea}{\partial Ope} \cdot dOpe +$$

$$\frac{\partial Hea}{\partial Gre} \cdot dGre + \frac{\partial Hea}{\partial Wel} \cdot dWel \qquad (4-2)$$

由（4-2）式可知，经济高质量发展水平的提升来自各子系统改善的贡献——一方面依赖于各子系统提高的增长率，另一方面依赖于各子系统的产出弹性。假定一定时期内各子系统的产出弹性不变，则提出以下理论推论。

【理论推论 1】如果经济增长稳定性没有出现剧烈波动，则经济稳定性的增强将有利于区域经济高质量发展水平提升。

作为经济高质量发展水平重要维度之一的经济增长稳定性，是指经济增长保持一个比较平稳、可持续发展的态势，没有出现"大起大落"。如果经济增长过程中波动幅度过大，那么经济增长运行机制难免会遭受破坏，市场机制受到影响，资源配置效率降低，从而阻碍经济高质量发展水平的进一步提高。另外，如果经济波动的幅度过大，那么我国产出水平、价格水平和就业水平稳定性就会受到影响，部分人的福利水平就会遭受损失，对人民的生活产生负面效应。"幸福悖论"从另外一个角度对"财富增加将导致福利或幸福增加"的命题提出质疑①，从而使区域经济高质量发展水平降低。

【理论推论2】随着创新驱动发展质量的提高，区域经济高质量发展的水平将得到提升。

将创新驱动发展作为加快经济发展方式转变的第一动力。加快我国经济发展方式转变，必须抓住核心技术创新这个"牛鼻子"。通过创新深化科技体制改革，打通从科技强到产业强、经济强、国家强的通道，以改革释放创新活力，加快建立健全国家创新体系。因此，在迈向高质量发展阶段，当加快速度变为加快转型，当扩张规模变为提质增效，创新驱动就已经成为中国经济的新引擎，区域经济高质量发展水平必定大幅度提高。

【理论推论3】如果一个区域的协调融合能力增强，那么区域经济高质量发展的水平将得到提升。

区域协调融合发展可以逐步缩小区域差异、实现均衡高效发展。在中国特色社会主义新时代，要更加强调在国民经济发展过程中发挥各区域的比较优势，促进生产要素跨地区自由有序流动，区域之间形成合理分工、互动合作关系，实现基本公共服务均等，从而推动区域经济高质量发展水平提升。

【理论推论4】随着对外开放的完善，区域经济高质量发展的水平将得到提升。

目前我国按照"除保护、宽准入、破垄断、强执法、立规范"的思路，聚焦突出矛盾和关键环节，推动相关改革深化，健全与高质量发展相适应的体制机制，提升市场主体活力，完善更加公平的市场竞争规则，市场竞争政策更加规范有效，使市场竞争机制在更大范围内充分发挥作用。通过构建"亲清"新型政商关系，健全政企沟通机制，实现地方政府自身利益与社会公众的经济社会利益相结合。加快化解供给方产能过剩，通过

---

① EASTERLIN R A. Does economic growth improve the human lot? Some empirical evidence [C] //DAVID P A, REDER M W. Nations and households in economic growth. New York：Academic Press，1974：89-125.

发挥市场机制作用探索未来产业发展方向，从而推动区域经济高质量发展水平提升。

【理论推论5】当绿色发展的质量提高时，区域经济高质量发展的水平将得到提升。

"拥有天蓝、地绿、水净的美好家园，是每个中国人的梦想"①。使绿色发展和绿色生活深入人心，推动实现人与自然和谐相处。传统的经济发展模式使我国的资源和环境遭受了巨大的损失和破坏，并以环境污染与破坏为代价，环境承载能力已经达到或接近上限。必须改变传统的经济发展模式，转变经济发展方式，改变以资源的高消耗、环境的高破坏换取生产发展的低成果模式。把提高自主创新能力和节约资源、保护环境作为重要内容，可以降低投入与消耗、减少排放，实现经济发展，实现绿色的经济增长方式和绿色 GDP，从而提高区域经济高质量发展水平。

【理论推论6】随着人民生活水平上升，区域经济高质量发展水平将得到提升。

"人民对美好生活的向往，就是我们的奋斗目标。"经济发展的目的就是不断满足人民群众对美好生活的需求。以人民为中心的发展思想，是高质量发展观的目标和落脚点。必须让发展成果更多更公平惠及全体人民，让全体人民共享全面小康。换言之，要让城乡居民收入大幅增长，收入差距持续缩小，居民食品消费实现从匮乏到富足的跨越，耐用消费品不断升级换代，让人民的获得感、幸福感、安全感更强更充实，从而提升区域经济高质量发展水平。

4.8　本章小结

本章对新时代区域经济高质量发展进行了理论探讨，主要有如下的结论：

（1）区域经济高质量发展的内涵是：在新时代背景下，坚持经济效益、社会效益及生态效益最佳结合原则，结合我国发展实际，在习近平新时代中国特色社会主义思想的指导下，坚持以经济增长稳定为基础，以创

---

① 习近平. 习近平谈治国理政：第 2 卷 [M]. 北京：人民出版社，2017.

新驱动发展为核心，以区域协调融合为内在要求，以对外开放深化为重要动力，以生态环境优美为必经之路，最终促进人民生活幸福美满，从而推动中国经济提质增效。

（2）如果经济增长稳定性没有出现剧烈波动，则经济稳定性的增强将有利于区域经济高质量发展水平提升；随着创新驱动发展质量的提高，区域经济高质量发展的水平将得到提升；随着对外开放的完善，区域经济高质量发展的水平将得到提升；随着对外开放的完善，区域经济高质量发展的水平将得到提升；当绿色发展的质量提高时，区域经济高质量发展的水平将得到提升；随着人民生活水平上升，区域经济高质量发展水平将得到提升。

5 新时代区域经济高质量发展评价指标体系构建

区域经济高质量发展的评价是经济高质量发展从理论阶段转向实施阶段的前提。运用科学的方法和手段来描述和评价区域经济高质量发展的运行状况、实现程度，监测区域经济高质量发展的趋势，才能更好指导区域经济高质量发展的具体实践。因此，区域经济高质量发展评价指标体系的构建是不可缺少的手段。

5.1 指标测度体系的构建原则

区域经济高质量发展是一个动态的过程，涉及人口、资源、环境、经济、社会多方面，需要综合考虑各方面因素。指标体系是区域经济高质量发展评价的基础，是综合反映区域经济高质量发展状况的依据。构建指标体系的最终目的是对区域经济高质量发展情况作出全面、客观、公正的评价。本研究根据科学性、客观性、系统性、可比性、前瞻性、可操作性等原则构建了评价区域经济高质量发展水平的指标体系。

（1）科学性原则。建立测度体系需要一定的理论基础，指标的物理意义必须明确，测度方法标准，统计方法规范，评价指标选择既要符合中国经济高质量发展的自身特点和状况又能反映区域经济高质量发展的含义和目标及实现程度。要充分考虑指标间的相关性和独特性，要尽量全面、完善，既要避免过多造成重叠和冗余，又要避免过少造成信息遗漏，并且还要控制不同指标之间的关联度。同时，科学性还反映在对区域经济高质量发展的动态分析上，指标体系的选择要既能为当前的区域经济高质量发展水平评估提供依据，又能反映历史时期及远期不同时间维度的状态。

（2）客观性原则。测度体系的选取应以客观条件为依据，应符合我国人口、资源、经济、社会发展的客观规律，以确保能准确全面地反映区域经济高质量发展情况。为了确保数据的真实性，要尽可能地使用直接数据，避免使用经过间接量化、含有主观判断因素的间接数据。此外，为了保证指标数据来源的权威性和可信性，数据多选自各区域的统计年鉴和国家有关部门的统计年鉴。

（3）系统性原则。区域经济高质量发展体系是一个包括多维度的复杂系统，一方面要体现自然社会经济系统性，另一方面要体现数据与指标测度区域经济高质量发展的综合性，从而避免单一性指标带来的片面性。由此，指标设定应当重点考虑系统中的关键因素，以及不同因素之间的相互作用，从系统视角出发对区域经济高质量发展水平进行评价。

（4）可比性原则。我们这里所说的指标体系既包括就全国范围设计的测度指标体系，也包括省域经济高质量发展的测度指标体系；不仅包括五个方面的综合测度指标体系，也包括每一个子系统各自的测度指标体系。同时，区域经济高质量发展指数作为一个科学的指标体系，不能是一个孤立和静止的体系，而应该具有一定的时间与空间迁移性。因此，对于指标体系的设计要求各项指标尽可能采用国际上通用的名称、概念和计算方法，以便不同级别区域的指标数据具有一致性和可比性。

（5）前瞻性原则。区域经济高质量发展是一个多因素、不断发展变化的议题。评价体系的构建要顺应新时代的新发展要求，同时要综合考虑动态变化的特点，能较好描述与度量未来的发展趋势。在指标选择上，既要有静态指标也要有动态指标，才能在实践中起到指导作用。

（6）可操作性原则。在构建区域经济高质量发展评价指标体系时，要注重协调好理论上的重要性和实际操作中的可行性之间的矛盾，注重理论对实践的指导性。在构建指标体系时还要综合考虑所选取指标能否获取连续的数据。通过考虑数据与指标量化的难易程度，保证计算方法通俗易懂，进而形成比较科学合理、简单明了的评价指标体系。

5.2　指标选择与说明

区域经济高质量发展不是一个单一的概念，必须紧扣"高质量"这一主题。它是一个动态过程，涉及人口、资源、环境、经济、社会发展等基本要素，要实现活力、效益和质量的有机结合。本研究兼顾测度指标的构建原则，并结合区域经济高质量发展的理论内涵，借鉴"欧盟可持续发展评价指标体系"[①]"美国新经济评价指标体系"[②]"联合国人类发展指数评价指标体系"[③]"全面建成小康社会评价指标体系"等国内外评价体系，构建适应新时代要求的区域经济高质量发展评价体系。

5.2.1　经济增长稳定的评价指标

经济增长稳定性衡量的是一个国家或地区在经济发展过程中是否保持平稳增长的态势。一方面，经济平稳增长是区域经济实现高质量增长的前提，离开了稳定性，过度的经济波动会破坏经济增长的内在运行机制和既有轨迹，加大经济运行的潜在风险，影响经济健康可持续发展。比如，经济过热会过度耗费经济资源，加速通货膨胀，增加经济增长硬着陆风险；经济偏冷又可能影响社会投资，出现消费意向不强，导致长期失业率上升，甚至降低潜在经济增长率，对经济造成长期不利影响。另一方面，经济波动会阻碍社会形成有效的预期。比如，频繁的物价波动会影响生产者和消费者的判断，在无法形成有效预期的前提下，生产者和消费者盲目配置资源可能导致整个社会无法实现资源的最有效配置。因此，经济增长稳定性也是影响区域经济高质量发展的重要因素之一。

宏观经济发展平稳是实现经济与社会高质量发展的重要前提，在经济社会发展过程中扮演着关键角色，而经济波动也会阻碍社会形成合理的预期，影响经济社会的健康可持续发展。经济增长稳定体现了经济增长的平

---

① BOLCÁROVÁ P，KOLOŠTA S. Assessment of sustainable development in the EU 27 using aggregated SD index［J］. Ecological indicators，2015，48：699-705.

② 第一期报告评价指标体系涉及知识型就业、全球化、活力与竞争、数字化转换和创新基础设施5项一级指标；第二期报告涉及创新能力，数字化转换领域新增了农场主使用互联网和电脑情况、制造商使用互联网情况、居民和企业接入宽带电信情况3项二级指标。

③ 主要涉及健康长寿的生活、知识、体面的生活等维度。

稳性，必须避免出现太大的经济波动。区域经济高质量发展要确保经济运行在合理区间，从而促进经济稳定发展。基于以上分析，参考李金昌等[①]、何兴邦[②]等学者的研究，本书选取评价经济增长稳定的指标有：GDP 增长速度——反映一个国家或地区经济规模和财富的增长速度，也是衡量区域经济发展质量优劣的重要指标；消费者价格指数——反映区域物价水平的波动程度，因价格稳定可以最大程度发挥市场机制对资源配置的决定性作用；城镇登记失业率——反映区域就业市场的波动程度，因就业水平的稳定也是区域经济高质量发展的重要体现；服务产业重视度——反映在区域经济高质量发展中对第三产业的重视程度。所需数据均可通过统计年鉴直接获得。具体衡量方式如下：

$$GDP 增长速度 = 报告期 GDP / 基期 GDP（可比价）\qquad(5-1)$$

$$消费者价格指数 = 居民消费价格指数\qquad(5-2)$$

$$失业率 = 城镇登记失业率\qquad(5-3)$$

$$服务产业重视度 = 第三产业增加值 / GDP\qquad(5-4)$$

5.2.2 创新驱动发展的评价指标

我国要实现社会主义现代化强国目标，就需要坚持以自立自强为国家发展战略，并提高科技进步对经济社会发展的贡献能力。通过深入推进创新驱动发展，建设全球一流的科技生态；通过鼓励科技工程人员创新创造，以创新驱动引领高质量发展，促使创新成果不断涌现，为培育经济发展新动能提供力量源泉，从而提高经济发展的可持续性。以创新引领提高全要素生产率，用全要素生产率指标来替代单纯经济总量的扩大和增长，从而直观呈现各个生产要素的配置情况和使用效率。同时要注重人均专利发明数量和科技成果转化成功率的提高，使科技创新的成果让全社会受益，形成实实在在的发展源动力。基于以上分析，本研究将创新驱动发展作为反映区域经济高质量发展的分维度之一。

关于创新驱动发展的测度，国外比较有影响力的测度成果包括硅谷合资企业地区研究学院发布的《2018 硅谷指数》（2018 Silicon Valley Index），

————————

① 李金昌，史龙梅，徐蔼婷. 高质量发展评价指标体系探讨 [J]. 统计研究，2019，36（1）：4-14.

② 何兴邦. 创业质量与中国经济增长质量：基于省际面板数据的实证分析 [J]. 统计与信息论坛，2019，34（12）：84-93.

世界经济论坛发布的《2017—2018 年全球竞争力报告》①（Global Competitiveness Index，GCI），美国康奈尔大学、欧洲工商管理学院和世界知识产权组织发布的全球创新指数（The Global Innovation Index，GII）。而国内关于创新驱动发展的评价指标的研究成果较多。例如，吴卫红、李娜娜、张爱美等②认为创新驱动发展的投入指标应涵盖创新人力、财力等，创新产出指标应包括科技成果、经济效益、环境绩效等方面。李黎明等③建立了技术创新、制度创新、文化创新、创新发展 4 个方面的创新驱动发展评价指标体系。我国政府也分阶段建立了创新驱动发展的评价指标体系。赵剑波等④指出，高质量发展以提升要素质量为基础，以科技创新为主要动力，以质量技术基础为工具。李淑萍⑤结合西藏实际，构建了西藏的区域创新环境评价指标体系，包括创新基础设施、创新资源环境、社会文化环境和政策制度环境 4 维共 26 个评价指标。刘建明、颜学明⑥立足广东科技创新新阶段，采用综合加权评价方法，从创新环境、创新投入、创新产出、企业创新、创新绩效 5 个方面构建广东创新能力监测指标体系。钟诗韵等⑦关注科技创新与制度创新的"双轮驱动"问题，将科技创新能力归纳为科技投入水平、科技产出水平、科技扩散水平三类，将制度创新能力总结为制度政策水平、制度资本水平、制度结构水平三类，并构建相关指标体系。陈向军等⑧以会展业创新能力评价为落脚点，构建了创新环境、人才技术支撑、创新现状、创新活力四个维度的会展业创新能力评价指

① KLAUSSCHWAB. The global competitiveness report（2017—2018）［R］. Switzerland：World Economic Forum，2018

② 吴卫红，李娜娜，张爱美，等. 我国省域创新驱动发展效率评价及提升路径实证研究［J］. 科技管理研究，2017（5）：63-69.

③ 李黎明，谢子春，梁毅劼. 创新驱动发展评价指标体系研究［J］. 科技管理研究，2019（5）：59-69.

④ 赵剑波，史丹，邓洲. 高质量发展的内涵研究［J］. 经济与管理研究，2019，40（11）：15-31.

⑤ 李淑萍. 西藏区域创新环境评价指标体系构建与实证研究［J］. 西藏民族大学学报（哲学社会科学版），2020，41（3）：128-134.

⑥ 刘建明，颜学明. 广东科技创新能力监测指标体系设计与实证研究［J］. 科技管理研究，2021，41（24）：60-66.

⑦ 钟诗韵，徐晔，谭利. 双轮创新驱动对我国产业结构升级的影响［J］. 管理学刊，2022，35（1）：70-85.

⑧ 陈向军，董伟，龚雪萍，等. 武汉会展业创新能力评价指标体系构建［J］. 商业经济研究，2022（1）：175-177.

标体系。

结合国内外相关文献，本书选取评价区域经济高质量发展重要维度即创新驱动发展的指标有：专利授权——用每万人发明专利授权数表征，反映一个区域知识产权在创新驱动发展和经济转型升级中的重要作用；R&D 投入强度——用全社会 R&D 经费支出/GDP 表征，反映一个区域在科技创新方面的努力程度；创新型人力资本——用应届博士生毕业人数表征，反映区域的创新人力资本情况；高技术产业利润——用高技术产业利润总额/GDP 表征，反映区域的新技术产业发展情况。所需数据从相关统计年鉴等获得。具体衡量方式如下：

$$专利授权 = 每万人发明专利授权数 \tag{5-5}$$

$$R\&D 投入强度 = 全社会 R\&D 经费支出/GDP \tag{5-6}$$

$$创新型人力资本 = 应届博士生毕业人数 \tag{5-7}$$

$$高技术产业利润 = 高技术产业利润总额/GDP \tag{5-8}$$

5.2.3 区域协调融合的评价指标

区域协调融合，是贯彻落实新发展理念的必然要求，是实现高质量发展的题中应有之义，能切实增强区域内生发展动力，促使要素有序自由流动、主体功能约束有效。从资源保护、要素统筹、结构优化、效率提升等方面入手，优化生产要素的空间配置和流动，通过人才的跨区域流动，形成均衡协调的产业、人口、资源空间布局。基于以上分析，本研究将区域协调融合作为反映区域经济高质量发展的分维度之一。

一些学者对区域协调融合进行了研究。例如，邹颖[1]从经济增长、区际联系、经济与环境的关系三个方面对区域协调发展进行研究，并根据以上三个核心内涵设计相关衡量指标。郗晋华[2]构建了经济水平、经济外向度、基础设施、政府投入、资源、电力六个评价协调发展的二级指标。邹一南、韩保江[3]从城乡收入差距、城乡教育差距、城乡消费水平视角构建

---

① 邹颖. 区域协调发展评价指标体系及测度方法研究 [J]. 商讯, 2019 (27)：113-134.

② 郗晋华. 山西省区域协调发展评价指标体系构建及效果评价 [J]. 西部金融, 2020 (11)：84-88.

③ 邹一南, 韩保江. 中国经济协调发展评价指数研究 [J]. 行政管理改革, 2021 (10)：65-74.

了区域协调发展评价指标。游韵等[1]以产业生态化视角为切入点，深刻剖析区域协调发展内涵逻辑，并选取经济能级、创新能力、绿色效能、基础保障等维度的16个评价指标对重庆市的产业生态化视角下的区域协调发展水平进行评价。基于此，并结合国内外相关文献，本书选取评价区域协调融合的指标有：劳动力要素市场化——用私营企业和个体就业人数占全部就业人员数量的比重表征，反映劳动力在区域协调发展方面的就业情况；医疗设施共享——用人均医疗卫生机构床位数表征，反映区域医疗设施共享情况；交通设施共享——用路网密度表征，反映区域交通设施共享情况；城乡收入协调水平——用农村居民人均纯收入/城镇居民人均可支配收入表征，反映区域城乡收入的情况。所需数据均可通过统计年鉴直接获得。具体计算方式如下：

$$劳动力要素市场化 = 私营企业和个体就业人数/全部就业人员数量$$

$$(5-9)$$

$$医疗设施共享 = 人均医疗卫生机构床位数 \quad (5-10)$$
$$交通设施共享 = 路网密度 \quad (5-11)$$
$$城乡收入协调水平 = 农村居民人均纯收入/城镇居民人均可支配收入$$

$$(5-12)$$

5.2.4 对外开放深化的评价指标

坚持开放发展，是新时代区域经济高质量发展的必由之路。我国坚定不移地把改革开放的旗帜举得更高，提升中国品牌国际市场占有率，巩固已经在国际市场取得优势的产业的领先地位，以开放带动创新、推动改革、促进发展。进入新时代以来，我国不断加大对外开放力度，加快"走出去"步伐，开放型经济在国民经济中的占比不断加大。为进一步加快经济国际化进程，应从以下两方面入手：一是要由传统单一产出引导型发展迈向生产升级和出口商品替代型发展，以战略性新业态为先导，实施发展战略性新兴产业的科技政策；二是继续营造更完善的国际环境，根据地区经济一体化发展的加速趋势，用好区域合作制度，以有效的对外开放战略推动区域经济高质量发展。所以，本研究将对外开放深化作为反映区域经

---

① 游韵，罗胤晨，文传浩. 产业生态化视角下区域协调发展评价研究：以重庆市为例 [J]. 科技和产业，2022（10）：250-258.

济高质量发展的分维度之一。

一些学者选取了相应的指标评价对外开放情况。例如，谢永琴等[①]将外贸依存度与外资依存度的算术平均值作为测量对外开放度的主要指标；于洋等[②]则设置投资开放度、贸易开放度和旅游开放度三个一级指标评价对外开放度。基于此，并结合国内外相关文献，本书选取评价对外开放深化的指标有：高技术产品出口占比——用高技术产品出口额占商品进出口贸易总额的比重表征，反映高技术产品的出口情况；进出口总额占比——用进出口总额/GDP 表征，反映区域进出口贸易情况；战略性新兴产业实际利用外资——用战略性新兴产业实际利用外资额/GDP 表征，反映区域战略性新兴产业实际利用外资的情况；年入境境外游客占比——用境外游客占该区域游客总数的比重表征，反映境外游客往返本区域旅游的情况。所需数据均可通过统计年鉴直接获得。具体计算方式如下：

$$高技术产品出口占比=高技术产品出口额/商品进出口贸易总额 \tag{5-13}$$

$$进出口总额占比=进出口总额/GDP \tag{5-14}$$

$$战略性新兴产业实际利用外资=战略性新兴产业实际利用外资额/GDP \tag{5-15}$$

$$年入境境外游客占比=境外游客占该区域游客总数的比重 \tag{5-16}$$

5.2.5 生态环境优美的评价指标

生态环境优美，意味着要解决好工业文明和生态文明和谐共生问题，意味着要对过去能源消耗型的发展方式进行反思，意味着不能以牺牲子孙后代的生态环境利益为代价来实现经济短期繁荣。本书将生态环境优美定义为经济发展过程中资源消费和环境破坏的代价更低。因此，生态环境优美的定义涵盖两方面：一是注重降低区域经济高质量发展过程中能源、矿产和耕地等资源消耗，降低能源强度，提升经济社会可持续性；二是减少区域经济高质量发展中空气污染、水污染和固体废弃物，降低经济发展对环境的损害。过去 40 余年，我国经济发展面临的一个突出问题就是经济保

① 谢永琴，武小英，宋月姣. 长江经济带对外开放度时空演化特征及影响因素 [J]. 统计与决策，2022，38（8）：123-128.

② 于洋，李檀. 粤港澳大湾区对外开放影响力的时空演变特征 [J]. 税务与经济，2021（5）：83-90.

持快速增长的同时，资源环境承载力逼近极限，粗放式的发展模式已经使我国能源和资源不堪重负。生态环境优美首先有助于经济社会可持续高质量发展。其次，经济绿色化也是区域经济竞争力强的重要体现。随着公众环境意识的不断提升，公众更加青睐环境友好型绿色产品。绿色产品在市场溢价程度高，更有助于获取超额利润，绿色产品也更容易规避国际市场的绿色贸易壁垒，提升区域经济竞争力。最后，良好的生态环境是人和经济社会发展的根本基础，也是影响公众幸福感的重要因素之一，更是不断满足人民对美好生态环境需要的保障。另外，环境所能承载的容量是有限的，粗放式的发展模式早已对资源环境产生很大压力。通过推进美丽中国建设，我们可以探索出一条生态环境优美、人民生活富裕、经济发展良好的路子。因此，区域经济高质量发展必须保持绿色模式，并以更为绿色、低碳、清洁的经济发展方式，大力建设"美丽中国"。故此，本研究将生态环境优美作为反映区域经济高质量发展的分维度之一。

党的十七大明确提出把"建设生态文明"作为全面建设小康社会的五大目标之一。之后，关于生态环境的评价指标体系研究日渐丰富。例如，刘明广[1]从绿色生产、绿色生活、绿色新政、绿色环境四个方面构建绿色发展指标体系。马志帅、许建[2]从经济绿色增长、资源绿色利用、环境绿色治理和绿色生活4个方面选取28个指标构建绿色发展水平指标体系。管永林、周宏春、马光文[3]构建了中国经济绿色发展综合评价体系（包括经济稳定有效增长、产业转型升级、资源全面高效利用、废弃物资源化利用、降低污染物和二氧化碳排放、环境污染有效治理6个准则层18个指标）。张建伟等[4]用农业消耗、水土管理、环境保护3维二级指标6个三级指标评价农业经济绿色发展概况。马晓冬等[5]构建了绿色生产、绿色生活、绿色生态3个二级指标14个三级指标评价江苏省乡村绿色发展水平。基于

---

① 刘明广. 中国省域绿色发展水平测量与空间演化 [J]. 华南师范大学学报（社会科学版），2017（3）：37-44.

② 马志帅，许建. 安徽省绿色发展水平评价体系初步研究 [J]. 安徽农业大学学报，2019（2）：300-306.

③ 管永林，周宏春，马光文. 中国经济绿色发展综合评价研究 [J]. 生态经济，2020，36（12）：40-49.

④ 张建伟，蒲柯竹，图登克珠. 中国农业经济高质量发展指标体系构建与测度 [J]. 统计与决策，2021，37（22）：89-92.

⑤ 马晓冬，胡颖，黄彪. 江苏省乡村绿色发展的时空特征及影响因素 [J]. 经济地理，2022，42（4）：159-167.

此，本书选择的评估生态环境优美的主要指标体系有：森林植被——用森林覆盖率表征，反映区域林地植被情况；绿化覆盖——用建成区绿化覆盖面积/建设区总面积表征，反映区域的绿化面积情况；污水处理——用污水收集处理率表征，反映区域的污水处理情况；环保投资——用环境污染质量投资/GDP 表征，反映区域的环境治理投资情况。所需数据均可通过统计年鉴直接获得。具体计算方式如下：

$$森林植被 = 森林覆盖率 \qquad (5-17)$$

$$绿化覆盖 = 建成区绿化覆盖面积/建设区总面积 \qquad (5-18)$$

$$污水处理 = 污水收集处理率 \qquad (5-19)$$

$$环保投资 = 环境污染质量投资/GDP \qquad (5-20)$$

5.2.6 人民生活幸福的评价指标

人民生活幸福体现在相关福利水平的提升上。区域经济高质量发展必须体现在国民整体福利水平，比如消费水平、医疗保健水平的上升以及教育程度和人民幸福感的提高上。如果经济发展与国民福利改善不协调，说明区域高质量发展的成果并没有带来整体国民福利的改善，这种数字式的经济发展就背离了经济增长的初衷。人民生活幸福有助于激励国民生产积极性，提升生产效率，增强经济发展动能和经济社会发展可持续性。比如，医疗水平的提升提高了公众预期寿命和健康程度，不仅有助于提升劳动参与率，也有助于提升劳动生产率，为经济高质量发展提供健康人力资本；收入提升和消费增加不仅能提升国民整体消费水平，还可以增强公众幸福感，激发公众生产积极性从而促进区域经济高质量发展；教育水平提升有助于公众获取更多知识和工作技能，增加就业机会，提高劳动者工作效率和创新发展水平，促进人力资本的优化，进而提高劳动生产率和经济增长速度。因此，要实现经济高质量发展就要把人民最根本的利益牢记心上，坚定不移地践行以人民为中心的发展思想，从而在经济高质量发展过程中不断提升人民的生活水平，让广大民众共享经济发展成果。本研究将人民生活幸福作为反映区域经济高质量发展的分维度之一。

有关人民生活的评价指标体系研究的文献颇丰。例如，魏敏和李书昊[①]将收入水平、教育、文化、医疗、交通和就业机会等纳入新常态下评

---

① 魏敏，李书昊. 新常态下中国经济增长质量的评价体系构建与测度 [J]. 经济学家，2018 (4)：19-26.

价人民生活这个二级指标；马成文、洪宇①将人均收入、文化娱乐消费、人均受教育年限、公民安全感、环境等纳入衡量美好生活评价指标；张超等②选取了经济发展、公共服务、基础设施、人民生活以及生态环境5个子系统构建区域协调发展综合评价体系，其中人民生活维度采用农村和城镇居民人均可支配收入以及支出来衡量。万广华、吕嘉滢③采用收入、住房、健康、居住环境、人际关系5个指标来衡量居民生活水平；方晓萍等④选取社会保障支出比重、社会不安定指数、产品质量合格率、每十万人口高等教育学校平均在校学生数等8个二级指标评价人民生活。基于此，本研究具体反映人民生活幸福的基础指标有居民人均收入、人均消费支出、15岁及以上人口平均受教育年限、平均预期寿命。这些基础指标分别从收入水平、消费水平、受教育水平、健康状况等方面，反映区域经济高质量发展过程中人民生活水平的改善情况。具体计算方式如下：

$$收入福利 = 居民人均可支配收入 \qquad (5-21)$$

$$消费福利 = 居民人均可支配支出 \qquad (5-22)$$

$$教育福利 = 15岁及以上人口平均受教育年限 \qquad (5-23)$$

$$健康福利 = 平均预期寿命 \qquad (5-24)$$

5.3 指标体系构建

综合以上分析，根据区域经济高质量发展的内涵和评价指标体系的基本框架，在对人口、资源、环境发展基本要素进行分析的基础上，本研究把指标体系定位为评价维度、评价指标以及指标解读。评价维度包括经济增长稳定、创新驱动发展、区域协调融合、对外开放深化、生态环境优美、人民生活幸福6个维度。评价指标由24个指标构成。指标解读是对评

① 马成文，洪宇. 我国区域居民美好生活水平评价研究 [J]. 江淮论坛，2019 (3)：148-152.

② 张超，钟昌标，蒋天颖，等. 我国区域协调发展时空分异及其影响因素 [J]. 经济地理，2020，40 (9)：15-26.

③ 万广华，吕嘉滢. 中国高质量发展：基于人民幸福感的指标体系构建及测度 [J]. 江苏社会科学，2021 (1)：52-61.

④ 方晓萍，廖晓玲，邓又军. 我国省际高质量发展水平测度 [J]. 统计与决策，2022，38 (5)：111-115.

价指标的具体体现。如表 5-1 所示。

表 5-1　新时代区域经济高质量发展评价指标体系一览表

评价维度	评价指标	指标解读
经济增长稳定	GDP 增长速度	报告期 GDP/基期 GDP（可比价）
	消费者价格指数	居民消费价格指数*
	失业率	城镇登记失业率*
	服务产业重视度	第三产业增加值/GDP（%）
创新驱动发展	专利授权	每万人发明专利授权数（%）
	R&D 投入强度	全社会 R&D 经费支出/GDP（%）
	创新型人力资本	应届博士生毕业人数（人）
	高技术产业利润	高技术产业利润总额/GDP
区域协调融合	劳动力要素市场化	私营企业和个体就业人数/全部就业人员数量(%)
	医疗设施共享	人均医疗卫生机构床位数（张/人）
	交通设施共享	路网密度（千米/平方千米）
	城乡收入协调水平	农村居民人均纯收入/城镇居民人均可支配收入
对外开放深化	高技术产品出口占比	高技术产品出口额/货物出口额（%）
	进出口总额占比	进出口总额/GDP（%）
	战略性新兴产业实际利用外资	战略性新兴产业实际利用外资额/GDP（%）
	年入境境外游客占比	境外游客占该区域游客总数的比重（%）
生态环境优美	森林植被	森林覆盖率（%）
	绿化覆盖	建成区绿化覆盖率（%）
	污水处理	污水收集处理率（%）
	环保投资	环境污染治理投资/GDP（%）
人民生活幸福	收入福利	居民人均可支配收入（元/人）
	消费福利	居民人均可支配支出（元/人）
	教育福利	15 岁及以上人口平均受教育年限（年）
	健康福利	平均预期寿命（岁）

注：在"指标解读"列，标记了"*"的技术指标表示逆向指标，其他为正向指标。

5.4 本章小结

本章从新时代区域经济高质量发展的内涵视角，构建了适应新时代发展要求的区域经济高质量发展测度评价体系。作者基于习近平经济思想，构建了包括经济增长稳定、创新驱动发展、区域协调融合、对外开放深化、生态环境优美、人民生活幸福6个维度的新时代区域经济高质量发展测度体系。评价指标由24个指标构成。

6 四川省域经济高质量发展的现实基础

四川省域经济高质量发展任重道远，具有一定的典型性。对四川省域经济高质量发展的现实基础进行分析，能够为经济高质量发展理论应用于实践提供有益的探索，从而推动四川在西部地区经济高质量发展上发挥带动作用。

6.1 四川省域经济高质量发展的外部条件

6.1.1 四川积极融入国内国际双循环发展新格局

"十四五"规划明确指出要形成以国内大循环为主体、国内国际双循环相互促进的新发展格局。"双循环"新发展格局重点是以国内大循环为主，内外相均衡，即国际循环是次循环，国内循环则是主循环，换句话说，应以国内大循环为基础，以满足国内需求作为发展的出发点和落脚点，在此基础上持续深化对外开放，拓展国际市场，构建国内国际双循环相互促进的新发展格局。使生产、分配、流通、消费更多依托国内市场形成良性循环，塑造参与国际合作和竞争新优势，厚植支撑国内大循环的经济腹地优势。国内大循环以满足国内需求为出发点和落脚点，需要加快构建完整的内需体系。四川消费市场庞大，产业体系和市场体系相对健全，拥有全部 41 个工业门类和超过 680 万户的市场主体，在供需两侧都有一定的比较优势。建强支撑国内大循环的经济腹地，着眼的是发挥四川省人口和市场规模优势、工业化和城镇化后发优势、科教和产业基础优势；要扭住扩大内需这个战略基点，更好发挥投资的关键作用和消费基础作用；增强产业链和供应链韧性和竞争力，协同解决重点行业、重点产业链、供应链卡脖子的问题。聚焦重点问题多推创造型、引领型、市场化改革，打通阻碍经济循环的瘀点堵点。

新发展格局下的循环是开放的国内国际双循环，不是封闭的国内单循环，需要坚定不移扩大对外开放，更好利用国内国际两个市场、两种资源。四川地处"一带一路"和长江经济带的联结点，是我国南向西向开放门户和西部陆海新通道的重要起点。随着区域全面经济伙伴关系协定（RCEP）的签署，四川融入国内国际双循环面临新的重大机遇。要统筹推进现代流通体系建设，打造全国物流高质量发展示范区。要积极参与西部陆海新通道建设，打通东向铁水联运通道，构建国际航线、国际班列、长江水运、陆海联运等多通道协同运行体系。因此，四川要深度融入新发展格局，促进城乡循环、区域循环、产业链供应链循环和内外市场循环，着力建强支撑国内大循环的经济腹地、畅通国内国际双循环的门户枢纽。

6.1.2 四川积极融入新时代西部大开发建设

为加快形成西部大开发新格局，推动西部地区高质量发展，中共中央、国务院于 2020 年 5 月 17 日发布关于新时代推进西部大开发形成新格局的指导意见。这是西部大开发 20 年来，党中央和国务院支持西部大开发的升级版和增强版。这有利于促进区域协调发展，破解西部地区发展不平衡不充分的问题。在这样的背景下，地域辽阔、发展相对滞后的西部地区，具备巨大的发展空间和回旋余地；同时，经过 20 年的发展，西部基础设施得到夯实，发展环境不断改善，具备了高质量发展的基础条件，因此被国家寄予厚望。

2020 年 10 月，四川省委、省政府印发了《关于新时代推进西部大开发形成新格局的实施意见》。西部大开发第一个 10 年，是包括四川在内的整个西部加大力度补齐基础设施短板、扭转生态恶化趋势等"打基础"的 10 年；第二个 10 年，是西部地区逐渐培育各自内生动力、建成小康社会的 10 年，是"练内功"的 10 年。现在四川已经全面建成小康社会，正式全面进入"第二个百年"奋斗目标的关键期，四川在推动新时代西部大开发形成新格局中要抓住机遇，关键是在新格局上下功夫，全面贯彻落实新发展理念，做好创新、协调、绿色、开放、共享等文章，从重点抓项目、资金，到真正实现体制、机制的转变，同时，与"一带一路"建设、长江经济带发展、西部陆海新通道建设、成渝地区双城经济圈建设等结合，形成叠加效应。从区位来看，四川不沿边不临海，而改革开放前期的重心是沿海地区，但随着航空业和互联网的迅速发展，借助"一带一路"建设东风，扩大西部地区高水平开放，这为四川形成全方位对外开放格局提供了基础。另外，四川在积极融入建设推动新时代西部大开发形成新格局这一过程中，要注重补齐基础设施短板。除基础设施外，还有城乡差距、不同区域差距如何缩小的问题。一方面，从大方向来看，要加速推进城镇化，逐步缩小城乡公共服务差距；另一方面，在区域协同上，要拿出更多有针对性、差异性的政策，尽快缩小省内差距。因此，四川要抢抓西部大开发重大机遇，推动四川在西部地区高质量发展方面发挥带动作用。

6.1.3　四川积极融入成渝地区双城经济圈建设

成渝地区双城经济圈位于长江上游，地处四川盆地，东邻湘鄂、西通青藏、南连云贵、北接陕甘，是我国西部地区发展水平最高、发展潜力较大的城镇化区域，是长江经济带和"一带一路"建设的重要组成部分。成渝地区双城经济圈建设是习近平总书记亲自谋划、亲自部署、亲自推动的国家重大区域发展战略[①]。2020年10月16日，习近平总书记主持召开中央政治局会议审议《成渝地区双城经济圈建设规划纲要》，为成渝地区形成优势互补、高质量发展的区域经济布局，打造带动全国高质量发展的重要增长极和新的动力源描绘了宏伟蓝图。建设成渝地区双城经济圈是推动西部地区高质量发展的重要战略机遇。党的十九大首次明确提出的高质量发展，是在新形势下对我国经济增长方式的科学判断，报告中提出的"建立健全绿色低碳循环发展的经济体系"为新时代下高质量发展指明了方向，同时也提出了一个极为重要的时代课题。十九届四中、五中全会，中共四川省委第十一届七次、八次全会以及《中共中央关于制定国民经济和社会发展第十四个五年规划和二〇三五年远景目标的建议》中提及成渝地区双城经济圈建设的地方共有62处。重庆以建成高质量发展高品质生活新范例为统领，在全面深化改革和扩大开放中先行先试，建设国际化、绿色化、智能化、人文化现代城市，打造国家重要先进制造业中心、西部金融

---

① 中共四川省委关于深入贯彻习近平总书记重要讲话精神 加快推动成渝地区双城经济圈建设的决定 [N]. 四川日报，2020-07-10.

中心、西部国际综合交通枢纽和国际门户枢纽，增强国家中心城市国际影响力和区域带动力。成都以建成践行新发展理念的公园城市示范区为统领，厚植高品质宜居优势，提升国际国内高端要素运筹能力，构建支撑高质量发展的现代产业体系、创新体系、城市治理体系，打造区域经济中心、科技中心、世界文化名城和国际门户枢纽，增强国家中心城市国际竞争力和区域辐射力。高水平建设天府新区、西部（成都）科学城等，形成"一山连两翼"城市发展新格局。

推动成渝地区双城经济圈建设，是国家构建新发展格局的重大举措，也是四川融入新发展格局的战略引领。优化完善川渝合作机制，着力打造带动全国高质量发展的重要增长极和新的动力源，加快建设具有全国影响力的重要经济中心、科技创新中心、改革开放新高地和高品质生活宜居地。"一干多支"发展战略是四川推动成渝地区双城经济圈建设的重要支撑，也是四川融入新发展格局的战略承载。四川区域特征比较明显，全省主干引领带动、多支竞相发展、干支协同联动的局面加快形成，区域协调发展水平显著提升。实践证明，"一干多支"发展战略符合新发展理念，切合四川实际，必须一以贯之坚持下去，并顺应新形势新任务新要求加以深化拓展。川渝合作机制高效运行，成都获批建设践行新发展理念的公园城市示范区，成都都市圈发展规划全面实施，设立四个省级新区并实施"一区一策"予以支持，全国首个区域科技创新中心启动建设，300 余项服务事项实现异地通办，毗邻地区合作平台建设全面推进，四川在全国大局中的战略位势不断提升。推动成渝地区双城经济圈建设重大战略，赋予成渝地区双城经济圈建设"一极两中心两地"目标定位，其中打造具有全国影响力的科技创新中心这一战略使命具有引领性、支撑性作用。

2022 年 8 月，按照《国家发展改革委关于培育发展现代化都市圈的指导意见》要求，重庆市人民政府、四川省人民政府联合印发《重庆都市圈发展规划》。2021 年 11 月，四川省人民政府印发《成都都市圈发展规划》，该规划是国家层面（国家发展改革委）批复的第三个都市圈规划，也是当时中西部唯一一个规划。这两份规划均由国家发展改革委批复或者出台指导意见，体现出国家对于成渝地区双城经济圈区域协同协调发展的战略部署。因此，"推动建设"，补短板强弱项，成为成渝地区双城经济圈的重点战略任务，其现实路径首先是实现自身做大做强提升带动辐射能力，围绕重庆主城区和成都培育现代化都市圈，形成"双核引领"，带动中心城市

（城区）周边地区加快发展，培育区域性中心城市，进而逐步推动区域的均衡发展。

6.2 四川省域经济高质量发展的内部基础

"十三五"时期，是四川牢记嘱托砥砺奋进的不平凡五年，是推动治蜀兴川各项事业大踏步向前迈进的五年。本节从经济发展、创新能力、区域协调、对外开放、生态环境与人民生活六个层面对四川经济高质量发展的内部条件展开调研和剖析。

6.2.1 经济发展概况

1. 经济发展水平

四川省位于中国西部内陆地区，地处长江上游，向来有"天府之国"的美称，与重庆市、贵州省、云南省、西藏自治区、青海省、甘肃省和陕西省7个省（自治区、直辖市）接壤。四川总面积为48.6万平方千米，下辖21个市州，包括18个地级市、3个自治州。2020年以来，四川面对新冠疫情的严重冲击，全省上下坚定以习近平新时代中国特色社会主义思想为科学指导，统筹推进疫情防控和经济社会发展，扎实做好"六稳"工作，全面落实"六保"任务，四川省经济逐季回升、稳定向好，社会大局保持稳定。《2020年四川省国民经济和社会发展统计公报》显示：

（1）经济总量持续增长。GDP是衡量经济增长的重要指标，它反映了一个国家或地区经济总量情况。2020年四川地区生产总值达到48 598.8亿元，比上年增长3.8%，其中成都经济总量接近两万亿元。四川经济总量在全国排名第六位。如图6-1所示，2016—2020年四川省的地区生产总值整体保持稳步向好态势，从2016年的33 138.5亿元增加到2020年的48 598.8亿元，这表明四川在全国经济中的比重仍在增加，中国经济大省的战略地位将进一步加强。分区域看，成都平原经济区地区生产总值为29 523.3亿元，比上年增长4.0%，其中环成都经济圈地区生产总值为11 806.7亿元，增长3.9%；川南经济区地区生产总值为7 883.7亿元，增长4.2%；川东北经济区地区生产总值为7 595.5亿元，增长3.8%；攀西经济区地区生产总值为2 774.0亿元，增长3.9%；川西北生态示范区地区生产总值为 822.4 亿元，增长 3.4%。

（2）经济增长质量效益明显提升。"十三五"时期四川省地方一般公共预算收入年均增长 7.8%，五大支柱产业营业收入达 4.2 万亿元，三次产业结构由 12.1：43.5：44.4 调整为 11.4：36.2：52.4。创新动能加快释放，高新技术企业超 8 000 家，高新技术产业营业收入近 2 万亿元，科技对经济增长贡献率达 60%。"一干多支"发展战略深入实施，7 个区域中心城市经济总量均超过 2 000 亿元。从投资视角看，投资结构更加合理。四川充分发挥投资先导作用，不断调整固定资产投资结构，全面加强基础设施建设，尤其是针对制约经济社会发展的交通、电力、城市基础设施、乡村基础设施等瓶颈问题加大投资力度，推动三次产业协调发展。四川经济增长率整体上呈现出波动下降趋势，但 2020 年以前均保持在 7% 以上。通过图 6-1 可知，四川省 2016 年经济增长率为 7.8%，2017 年经济增长率为 8.1%，2018 年经济增长率为 8.0%，2019 年经济增长率为 7.4%，2020 年增长速度为 3.8%。可以看到中国经济社会增长速度在 2017 年开始出现了下滑态势，到 2020 年的第一季度时甚至出现了负增速。其原因主要是突发性的新冠病毒引起的疫情冲击，对整个社会国民经济活动造成了严重的负面影响，但四川经济活动已经完成"V"形反转，全年整个四川省的国民经济活动将继续复苏、平稳向好。总体来说，四川经济总量有所增长，但增长速度从高峰时的 8.1% 跌到 3.8%，增长速度放缓。

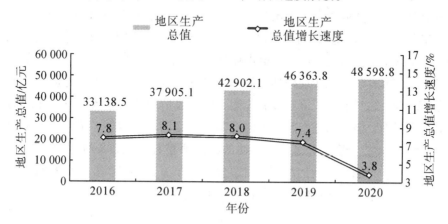

图 6-1　四川省地区生产总值和增长速度

（资料来源：四川统计局官网）

2. 产业发展结构状况分析

产业结构，是指一个地区的各个产业组成及关系。经过40多年的改革开放，目前四川省产业结构比较齐全，主要形成了机械电子、装备制造业等"5+1"重点产业结构，但是仍存在产业结构不合理等的布局问题。"十三五"时期，四川产业结构实现重大转变。三次产业结构从2016年的12.1：43.5：44.4调整为2020年的10.3：37.3：52.4，服务业比重超过50%，第一产业比重下降了1.8个百分点，非农产业比重从2016年的87.9%提高到2020年的89.7%，工业和服务业双轮支撑格局进一步巩固。从《2020年四川省国民经济和社会发展统计公报》还可以看到：第一产业总体稳定；2020年第一产业增加值为5 556.6亿元，和上年相比增长5.2%；第二产业经济运行平稳，2020年第二产业增加值为17 571.1亿元，增长3.8%；第三产业较快发展，2020年第三产业增加值为25 471.1亿元，增长3.4%。三大产业对四川经济增长率分别为14.1%、43.4%和42.5%。2020年第一产业投资比上年增长35.6%；第二产业投资增长10.7%，其中工业投资增长10.7%；第三产业投资增长8.3%。全年制造业高技术产业投资增长0.3%。通过查阅四川统计局的数据，绘制出2016—2020年四川三大产业比重图。如图6-2所示，2016—2020年四川省第一产业总产值占比从2016年的11.8%下降到2019年的10.4%，2020年四川省第一产业增加值为5 556.6亿元，占经济总量的比重增加到11.4%，产业总值都有一定提升。第二产业总产值占比从2016年的40.6%下降到2020年的36.2%，2020年第二产业增加值为17 571.1亿元，但第二产业增加值总体上处于稳定增长的态势。第三产业总产值占比从2016年的47.6%上升到2019年的52.5%，2020年第三产业增加值为25 471.1亿元，占地区生产总值的比重为52.4%，占比有所下降。究其原因，新冠疫情的冲击导致第三产业增加值有所下降，但是第三产业所占比重整体在逐渐稳步增加，服务业比重超过50%。总之，近年来这三个产业的总产值都在增长，总体呈现"三二一"格局，即第三产业的产值绝对总量保持第一，第二产业产值绝对总量名列第二，第一产业产值绝对总量名列第三。

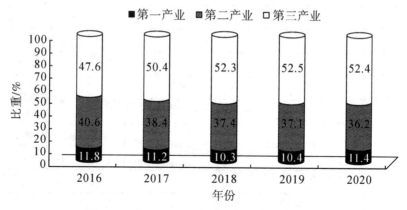

图 6-2　2016—2020 年四川三大产业比重图

（资料来源：四川统计局官网）

6.2.2　创新能力概况

1. 四川人口自身发展状况

根据第七次全国人口普查结果，四川省的常住人口、人口区域分布情况、人口受教育情况、人口结构如下：

（1）常住人口。全省常住人口共 8 367.5 万人，与 2010 年第六次全国人口普查 8 041.8 万人相比，常住人口增加 325.7 万人，增长 4.05%，年平均增长率为 0.4%。全省常住人口总量位居全国第五位，占全国人口的比重为 5.93%（见图 6-3）。这表明四川省常住人口保持了平稳增长态势，这与四川省经济持续加快发展、保持全国经济大省的地位密不可分。

（2）人口区域分布情况。在全省 21 个市州中，常住人口超 2 000 万人的市州有一个，即成都市；在 21 个市州中，常住人口总数居前五位的市州依次是成都市、南充市、达州市、绵阳市、凉山州。分五大经济区看，成都平原经济区常住人口为 4 193.5 万人，约占 50.12%；川南经济区常住人口为 1 447.3 万人，约占 17.30%；川东北经济区常住人口为 1 926.6 万人，约占 23.02%；攀西经济区常住人口为 607.1 万人，约占 7.26%；川西北生态示范区常住人口为 193 万人，约占 2.31%。另外，常住人口增量越来越少。2011—2015 年，受本省人口回流和外省人口流入影响，四川省经历了一波常住人口连续增加的阶段；从 2016 年开始，尽管实施了全面两孩政策，出生人口有所增加（见图 6-4）。数据表明，10 年间全省人口进一步向首位城市成都聚集。从市（州）数据来看，人口向中心城区聚集的趋势较为明显。

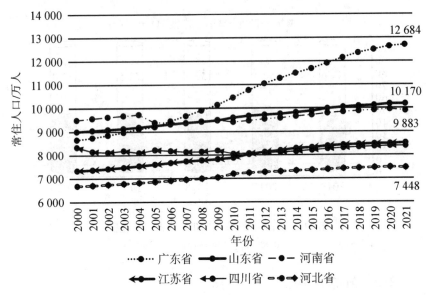

图6-3 全国前6位人口大省2000—2021年期间常住人口变化趋势

（资料来源：根据历年《中国统计年鉴》整理）

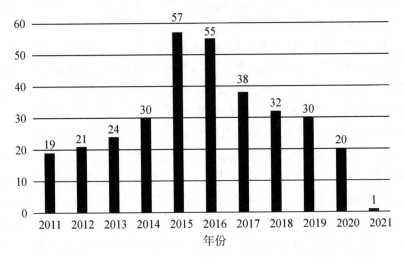

图6-4 四川省2011—2021年期间常住人口年度增长规模（万人）

（资料来源：根据历年《中国统计年鉴》整理）

（3）人口受教育情况。四川省常住居民人口具有大专及以上教育水平的人口数为1 110万人；具有高中（含中专）教育水平的人口数为1 113万人；与2010年相比，每十万人中拥有大学文化程度的人数由6 675人增加到13 267人；四川人口受教育情况存在较大的地区差异，成都市、攀枝花市的人口受教育年限分别达到了 10.85 年和 9.47 年。四川的人均受教育水平程度，总体而言呈现出了受教育年限增加的趋势。这主要得益于十年来全省普及九年制义务教育、大力发展高等教育以及扫除青壮年文盲等措施取得了显著成效，人口素质不断提升。但四川人口受教育程度仍低于全国平均水平，且地区间差异较大。

（4）人口结构。四川全省男性人口为 4 229 万人，占 50.54%；女性人口为 4 138.5 万人，占 49.46%。人口性别比（以女性为 100，男性对女性的比例）为 102.19，比全国低 2.88，比 2010 年第六次全国人口普查下降 0.95。初步分析，全省人口性别比受外出务工人员男性居多、女性老龄人口比重大以及四川"男女平等"思想进一步深入人心等因素的影响较大。四川全省 0～14 岁人口为 1 347.1 万人，约占 16.10%；15～59 岁人口为 5 204 万人，约占 62.19%；60 岁及以上人口为 1 816.4 万人，约占 21.71%（其中，65 岁及以上人口为 1 416.8 万人，约占 16.93%）。与 2010 年相比，0～14 岁、15～59 岁、60 岁及以上人口的比重分别下降 0.87 个百分点、下降 4.54 个百分点、上升 5.41 个百分点。数据表明，"一老一小"问题将对全省人口长期均衡发展带来挑战。

2. 高等教育状况

近年来，四川坚持立德树人根本任务，正深入推进以技术创新驱动技术引领高质量蓬勃发展，服务四川省"一干多支、五区协同""四向拓展、全域开放"发展战略，服务"5+1"现代产业发展体系建设，制定《关于促进高等教育全面服务四川高质量发展的意见》，以促进全省高等教育优质蓬勃发展。四川省坚持顶层设计整体推进，提出在治理结构、管理体制、人事制度、人才培养机制、教学科研体制、资源配置等领域进行系统改革，加快推进高等教育治理体系和治理能力现代化，有力促进人才建设，将人力资本转化为人才资本，通过高等教育的发展为创新驱动发展战略提供源源不断的人才资源。

（1）四川省普通高等学校数量和质量不断提升。20 年来，四川省普通高等学校由 2000 年的 42 所增加到 2020 年的 134 所，其中本科 53 所、专科 81 所，全日制普通本科高校中，国家"双一流"高校 8 所，数量增加较多，全日制高校数量居全国第 5 位，表明四川近年来对高等教育极为重视。按市州区域划分，成都拥有的高校数量是最多的，共有 58 所；其次是绵阳，有 11 所高校；其余市州拥有的高校数量都在 10 所以下。只有本科高校的市州为甘孜州，州内唯一的本科高校便是四川民族学院；只有专科高校的市州为遂宁、巴中、广安、资阳、广元。截至 2020 年底，有 199 个学科进入全国第四轮学科评估前 70%，其中口腔医学、电子科学与技术、信息与通信工程、交通运输工程和石油与天然气工程进入 A+类，27 个学科进入 A 类，居全国第 8、西部第 1。四川大学、电子科技大学等 8 所高校入选国家"双一流"建设高校，其中 2 所为"世界一流大学"建设高校，"双一流"及"世界一流"大学数量均居全国第 4 位。

（2）四川省普通高等教育在校生人数不断增加。20 年来，四川省普通高校在校学生人数从 2000 年的 23.54 万人增长到 2020 年的 180.1 万人，增长了约 6.65 倍。这表明四川省高等教育规模不断壮大，协同共建提升科研水平，激励科技人员创新创业。专项改革试点有力促进了四川科技水平的提升。另外，基本形成"意识培育+平台搭建+政策扶持+创新文化养成"培养链条，为四川省经济发展提供了高素质的人才支撑，但是存在高等学校师生比例差距较大等问题。

3. 科技投入与成果状况

近年来，四川科技经济投入力度进一步加大，有力推动了科技发展。"十三五"时期，四川科技事业加速发展，创新体系更加健全，创新环境不断优化，创新能力显著增强，创新治理形成新格局。科技创新推动产业转型升级，在经济增速换挡期，全省高技术制造业呈现稳中有进的发展态势，不断优化产业结构。《中国区域科技创新评价报告 2020》《2020 年四川省科技经费投入统计公报》显示：

（1）政府科技经费支出稳步增长。近年来，基层政府更加重视对科技的支持，2020 年市（州）、区（县）财政科技支出达 156.9 亿元，占全省财政科技支出的 87.5%，比 1997 年提高 30.6 个百分点。2020 年，全省财政科技支出达 179 亿元；财政科技支出占当年全省财政支出的比重达 1.6%，占比逐年上升。全省基础研究经费达 59.6 亿元，比上年增长 16.4%；应用研究经费为 144 亿元，增长 12.2%；试验发展经费为 851.7 亿元，增长 23.2%。基础研究、应用研究和试验发展经费所占比重分别为 5.6%、13.7%和 80.7%。

（2）全省研究与试验发展（R&D）经费投入大量增加。如图 6-5 所示，2020 年全省共支出研究与试验发展费用 1 055.3 亿元，投资强度排在全国第 12 位，比 2019 年增长 21.2%，超额完成"十三五"规划目标任务，为创新驱动引领高质量发展提供了有力技术支撑。2016 年，全省 R&D 经费为 561.4 亿元，投入强度在全国的排名为第 11 名。可以看出，四川省研究与试验发展经费投入实现较快增长，但是全国排名有所下降，与浙江、广东等沿海省份还有很大差距。分地区来看，如表 6-1 所示，2020 年研究与试验发展经费投入超过 10 亿元的地区有 13 个，分别为成都、绵阳、德阳、宜宾、南充、泸州、乐山、攀枝花、达州、自贡、遂宁、内江、眉山，比上年新增3个地区。研究与试验发展经费投入强度超过全省平均水平的地区有3个，分别是绵阳市、德阳市和成都市。

图6-5 四川省研发经费与投入强度情况

（资料来源：历年四川省科技经费投入统计公报）

表6-1 2020年四川省各地区研究与试验发展（R&D）经费情况

地区	R&D经费/亿元	投入强度/%
全省	1 055.3	2.17
成都	551.4	3.11
自贡	14.2	0.98
攀枝花	15.6	1.50
泸州	19.8	0.92
德阳	77.0	3.20
绵阳	215.0	7.14
广元	6.8	0.67
遂宁	13.0	0.93
内江	12.9	0.88
乐山	18.8	0.94
南充	20.4	0.85
眉山	10.9	0.76
宜宾	37.0	1.32
广安	6.1	0.47
达州	14.8	0.70
雅安	8.3	1.10
巴中	2.3	0.30
资阳	3.8	0.47
阿坝	1.3	0.31
甘孜	0.5	0.12
凉山	5.5	0.32

资料来源：2020年四川省科技经费投入统计公报。

（3）高级别的科研平台建设稳步推进。2020 年末，全省已建成各类科技创新基地（平台）2 053 个，其中国家级科技创新平台 179 个；在川国家重点实验室 14 个，居全国第 9 位；国家重大科技基础设施（重大装置）9 项，居全国第 3 位；建成国家级工程技术研究中心 16 个、省级 305 个，四川省重点实验室 130 个。以科技创新产业园区为引擎驱动区域创新发展。2020 年末，建成国家级高新技术产业园区 8 个、省级高新技术产业园区 18 个，建成国家级及省级高新技术产业化基地 70 个、农业科技园区 62 个、可持续发展试验区 16 个，成都高新区成功获批国家自主创新示范区，绵阳科技城进入"1+5+2"国家自主创新示范区推进序列。

（4）科技成果产出成效显著。2020 年，全省技术市场成交合同 2.1 万项，涉及技术开发、技术转让、技术咨询和服务等方面，成交总金额达 1 248.8 亿元，是 2000 年的 120 倍。另外以专利申请量及授权量为例，全省发明专利占比持续提高，专利结构不断优化，呈现量质齐升局面。从时间对比来看，2020 年全省专利申请受理量为 16.76 万件，较上年同期增长 27.5%。而 2016 年四川省专利申请量为 14.25 万项，全省发明专利总授权数为 6.24 万项。分地区来看，如表 6-2 所示，2020 年专利申请量超过 2 000 件的市州有 14 个，其中成都市遥遥领先于其他市州。总之，无论申请数还是授权数都有了大幅的提高，但各市州专利发明比较少，表明各市州对发明专利的重视程度有待加强。因此，四川省各地级市必须加大科研创新的交流协作，缩短地方间的科研创新能力差距。

表 6-2　2020 年四川省市州专利情况表　　　　　单位：件

市　州	专利申请受理	发明专利申请	专利授权总量	发明专利授权
合计	167 676	42 676	108 386	14 187
成都	99 446	30 553	65 570	10 887
自贡	3 765	656	2 440	242
攀枝花	2 455	772	1 591	263
泸州	4 165	572	2 575	97
德阳	7 945	1 248	4 791	328
绵阳	11 525	4 023	7 636	1 467
广元	1 707	261	910	16
遂宁	3 079	411	2 151	111
内江	3 264	396	2 064	106

表6-2（续）

市 州	专利申请受理	发明专利申请	专利授权总量	发明专利授权
乐山	2 923	392	2 026	112
南充	3 911	490	2 680	70
眉山	3 485	667	1 991	85
宜宾	6 746	728	4 003	111
广安	2 622	303	1 547	24
达州	3 943	295	2 165	45
雅安	1 486	215	954	66
巴中	1 654	128	1 055	25
资阳	1 521	168	804	36
阿坝	362	62	396	13
甘孜	247	25	147	12
凉山	1 425	311	890	71

资料来源：《2020年四川省专利数据简报》。

6.2.3 区域协调概况

"十三五"时期，为深入实施国家区域协调发展战略，扎实推进四川省"一干多支、五区协同""四向拓展、全域开放"战略部署，省委、省政府出台了《四川省建立更加有效的区域协调发展新机制实施方案》，着力强化发展统筹，构建区域协调发展体制，塑造要素有序自由流动。不断补齐基础设施、产业发展、公共服务等方面短板，提高全域协调发展水平。

一是成都率先发展。突出创新驱动和扩大开放，推动全面转型升级，建设现代化、国际化大都市，建成西部金融、物流、商贸中心和具有国际影响力的区域创新创业中心，打造国内外产业、资本、人才汇集西部的首选地和内陆开放门户，加快建成西部经济核心增长极，带动成渝地区北翼振兴、南翼跨越，更好发挥带头引领示范辐射作用。

二是加快培育五大新兴增长极。加快建设天府新区，同步规划建设成都天府国际机场空港经济区，打造全面深化改革示范区、现代高端产业集聚区、国家自主创新示范区、内陆开放经济高地；推动川南经济区率先突破，加快川南多中心城市群一体化发展，积极融入长江经济带和推进"一带一路"建设，建成川滇黔渝结合部综合交通枢纽，打造四川省沿江和南向开放的重要门户；大力培育川东北经济区，加快川陕革命老区振兴发展和扶贫攻坚，建设国家重要清洁能源化工基地、特色农产品生产加工基地、生态文化旅游基地，加快建成川渝陕甘结合部区域经济中心；着力打造攀西特色经济区，做大做强钒钛、稀土、清洁能源、亚热带农业、阳光、生态、康养、旅游等特色优势产业。

三是县域主体功能定位，加强分类指导。加快培育中小城市和特色小城镇，促进农产品精深加工和农村服务业发展，着力培育一批重点产业园区和特色产业基地，形成一批现代农业强县、工业经济强县、旅游经济强县，到 2020 年，经济总量过 100 亿的县超过 130 个。

6.2.4 对外开放概况

1. 自贸区建设状况

四川自贸区的全称是"中国（四川）自由贸易试验区"，其整体分为成都、泸州两个部分，涵盖三个片区——中国（四川）自由贸易试验区成都天府新区片区、中国（四川）自由贸易试验区成都青白江铁路港片区、中国（四川）自由贸易试验区川南临港片区，总面积为 119.99 平方千米。近年来四川自贸区积极培育主导产业，带动产业全面转型升级，自贸区建设取得了显著成就。四川自贸区以不足全省 1/4 000 的面积，贡献了近 1/20 的新增企业、1/10 的货物进出口、1/3 的外商投资企业，新设企业、新增注册资本等指标居同批自贸试验区前列。其原因，一是简政放权。四川自贸区紧紧依靠制度创新激发市场活力，加快形成更多可复制可推广的制度创新成果，彰显自贸试验区这块改革开放试验田的标杆示范带动引领作用。通过深化"放管服"改革，努力打造"智能政府"，推进政府职能转变，提升政府服务能力。二是依托优越的地理位置，发挥经济辐射作用，实现"空铁公水"四港的联动发展，提升对欧服务贸易水平。三是投资与贸易便利化卓有成效。例如，自贸区的"单一窗口"建设稳步推进，打造现代化的内陆服务与技术经济高地，进出口平均通关效率名列前茅，有力支持会展经济发展。四是运行的体制机制初步建立。四川省政府先后制定了《四川自贸区发展总体方案》《中国（四川）自由贸易试验区条例》《中国（四川）自由贸易试验区协同改革先行区建设实施方案》《四川国际贸易"单一窗口"建设推动方案》等一系列重要政策法规，为自贸区建设提供了法制保证和方向指引。但是也存在事中事后监管体制不够完善、保障系统不够健全以及退出机制存在缺陷等问题。

2. 货物贸易进出口状况

近年来，四川货物贸易进出口总值呈现持续增长态势。其原因是国家保增长政策措施成效不断彰显，世界宏观经济处于回升趋势，高水平开放平台带动作用明显。从最近统计年份来看，2021年四川货物贸易进出口总值实现9 513.6亿元，规模位列全国第8位，与2020年相比增长17.6%，其中出口总值为5 708.7亿元，与2020年相比增长22.7%。2021年，全省新设外商投资企业（机构）882家，比上年增长4.8%，累计设立14 708家；全年实际利用外资115.4亿美元，比上年增长14.7%，其中外商直接投资33.6亿美元，增长32.0%。分地区看，2021年四川货物贸易进出口总值排名前三的市州分别是成都市、绵阳市和宜宾市，其中成都市的货物贸易进出口总值为8 222亿元、绵阳市的货物贸易进出口总值250.5亿元、宜宾市的货物贸易进出口总值为236.5亿元。2021年增长速度最快的两个市州分别为广元市和眉山市，进出口同比分别增长280.4%、103.2%。2021年，美国、东盟、欧盟、中国台湾地区和香港地区为四川前5大贸易伙伴，合计进出口值占同期四川外贸进出口总值的69.2%。总体来说，四川进出口仍维持着较快增长速度，消费类产品进口的增长也迅速，外贸结构进一步优化，四川的重要贸易伙伴呈逐渐增多的态势。

3. 对外通道建设状况

四川作为内陆省，对外开放是其必然选择。目前四川的出省大通道有38条，与很多省相比有差距。近年来四川省持续建设开放通道，深化改革，坚定不移地实施"走出去"和"请进来"战略。

（1）航空建设方面。目前四川有成都市双流国际机场、成都市天府国际机场、绵阳市南郊机场、达州市金垭机场等著名机场，其中成都双流国际机场更是走在中国前列，航线的总数和国际航线数量稳居中西部首位，这为全面打通面向世界的"空中丝绸之路"奠定了坚实基础。2020年四川机场集团各机场共保障航班起降49.9万架次，完成旅客吞吐量4 795.4万人次，完成货邮吞吐量65.6万吨。四川将加快推动成都国际航空枢纽进入全球航空枢纽第一梯队；构建"干支结合、客货并举"机场布局网络；构建五大通用机场群，完善支线机场通用航空设施。

（2）铁路建设方面。截至2020年底，四川铁路运营里程达5 312千米，居西南第一，其中高铁运营里程超1 250千米，进出川铁路通道增加2

个达 11 个。四川已建成的主要普速铁路包括成渝线、宝成线、成昆线、襄渝线、内六线、达成线、遂渝线（已并入沪蓉线）、达万线、广达（广巴+巴达）线、高南线、隆黄线（隆叙段）等。四川快速铁路及城际铁路项目有成渝高速线、沪蓉线（达成及遂渝扩改）、兰渝线、西成客专线、成贵客专线成乐段（成绵乐）、成灌线、成雅线等，通车总里程约为 1 322 千米。另外"十四五"时期，四川省规划建设 5 条出川铁路，这也全面开启了以成都为战略支点的四向铁路大通道建设。

（3）港口建设方面。"十三五"期间，四川省水上交通方面重点在高等级航道达标升级、通达通畅的航道体系和枢纽互通的港口体系以及基础设施、运输服务、保障能力和水运经济等多个方面下功夫。四川有泸州、宜宾、乐山、南充、达州、广安 6 大港口，其中泸州港和宜宾港为四川内河水运的重要港口。这些港口资源的重要性，体现在培育航运金融、航运物流交易等航运服务业方面。目前已经建成一批专业化、集约化、规模化的港口码头，因地制宜推进达州、凉山、攀枝花、眉山、遂宁、自贡 6 个港口的建设工作，形成结构优化、枢纽互通的"6+6"现代化港口体系。

总体而言，目前四川对外开放通道仍面临着联系渠道单一、东西向国际对外开放不够，北、东、南大通道客货未分线等突出问题。力争到 2025 年，建成出川大通道 55 条，助力西部陆海新通道建设和"四向拓展、全域开放"战略的实施，加快建设对外开放大通道，服务四川建设"支撑国内大循环的经济腹地""畅通国内国际双循环的门户枢纽"定位。

6.2.5　生态环境概况

1. 污染防治状况

"十三五"以来，四川省以习近平生态文明思想为指导，坚定不移践行"绿水青山就是金山银山"理念，生态环境质量持续好转。《2020 年四川省生态环境状况公报》显示：

（1）加强大气污染防治。目前四川省强化城乡面源污染防治，坚决打赢污染防治战，开展臭氧污染防控攻坚；严控城市内燃放烟花爆竹，加强对施工产生的空气污染的管控，城市内扬尘污染已得到有效管控；修订了重污天应急减排目标清单，编制污染防治总体方案。"十三五"时期 PM2.5 浓度大幅下降。如图 6-6 所示，SO_2 浓度大幅下降。反映在优良天数上，四川省各城市均有大幅提升，达标城市也从最初的 3 个增加到 2020

年的 11 个，数量已经过半。加快推进绿色工地建设，严格落实"六必须、六不准"。"十三五"时期，全省单位 GDP 二氧化碳排放、单位 GDP 能耗分别降低 29.9%、17.4%。另外推动川渝地区大气污染联防联控，成渝地区双城经济圈环境联合执法有效开展，毗邻地区交叉执法检查进展顺利。

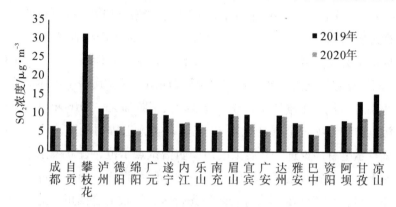

图 6-6　2019—2020 年四川省 21 个市（州）二氧化硫浓度比较

（资料来源：《2020 年四川省生态环境状况公报》）

（2）打好碧水保卫战。目前四川省正狠抓重大流域攻坚，大力开展沱江、岷江、涪江、渠河流域的水体与生态环境综合治理，划定省级以上水功能区 559 个，划定县级河流水功能区 137 处，推动形成完善的赤水河、沱江、岷江和嘉陵江等流域的横向水生态环境保护补偿制度。"十三五"时期，134 个省级及以上开发区建成污水集中处理设施。加强饮用水水源地保护，完成 389 个饮用水水源地问题整改。2020 年，全省地表水省控及以上断面水质优良比例为 94.5%。建立长效保护机制，加快划定并严守河湖生态保护红线，加快完善和严格执行水环境保护相关法律法规，加强河湖生态风险调查，落实生态风险防控措施，积极推进天然林保护等重点生态工程。逐步完善城镇集中式饮用水水源地水质监督管理制度，逐步加强和完善对农村集中式饮用水水源保护地环境保护管理工作，并全面落实国家五级河湖长制。省委、省政府主要领导担任总河湖长，配备了五级河湖长 5 万余人。

（3）推进土地污染防治。全面完成农用地土壤污染状况详查和重点行业企业用地土壤污染状况调查——全省农用地土壤以重金属镉污染为主，重点行业企业用地土壤以六价铬、铅和镍污染为主。加强工业固体废物堆存场所环境整治，共计整治销号问题堆场190座，整治销号率达98.4%。加强涉重金属行业污染防控，排查全口径涉重金属重点企业476家，现场排查在产（停产）企业396家、关停企业77家。完成全省178个县（市、区）耕地土壤环境质量类别划定，完成国家下达四川省受污染耕地安全利用335万亩（1亩≈666.67平方米，下同）、严格管控17.85万亩的目标任务，推进农用地安全利用示范6万余亩，实施耕地生产障碍修复利用12万亩。规章制度逐步健全，印发《〈土壤污染防治行动计划〉四川省工作方案》《四川省农用地土壤环境管理办法》《四川省工矿用地土壤环境管理办法》等文件，规范土壤环境管理。资金投入不断加大，2016年以来，全省土壤污染防治专项资金累计投入18亿元，实施土壤污染防治项目100余个。试点示范有序推进。开展土壤污染防治试点示范，设立德阳市、泸州市、凉山州3个省级土壤环境风险管控试点区和崇州、绵竹、古蔺等8个县（市、区）省级土壤污染综合防治先行区，探索适合四川省的土壤污染防治模式。

总体而言，"十三五"期间，四川全省污染防治取得了一系列积极成效，但由于污染防治整体起步较晚、基础薄弱，污染来源复杂多样，全省污染防治仍然存在部分污染治理不平衡、污染防治技术不够成熟、治理资金投入不足、管理滞后等问题。

2. 生态保护状况

近年来，按照"一干多支、五区协同"要求，四川省委省政府制定了《川西北环境示范区建设水准评估指标》和《川西北环境示范区建设水准评价考核办法》，开展了阿坝州、甘孜州及所辖31个县（市）生态建设示范园的创建水准评估考核，以进一步创新川西北生态建设示范园的创建水准评估考核工作。《2020年四川省生态环境状况公报》显示：

（1）高质量推动我国生态建设文明建设的示范创建。四川省已经颁布《四川省加快推进生态文明建设实施方案》，共有35个县（市、区）编制了国家生态文明建设示范县规划，其中邛崃市、盐亭县、仪陇县、九寨沟县和峨眉山市被正式命名为第四批我国生态文明建设示范县（市）。平昌县被命名为第四批"绿水青山就是金山银山"实践创新基地。全省已累计建成国家生态文明建设示范县14个、"绿水青山就是金山银山"实践创新基地4个。

（2）严格依法监督推进生态环境问题整改。按照生态优先、应划尽划、应保尽保原则，对全省生态保护红线和自然保护地进行充分论证和评估调整。上一轮中央环保督察发现的自然保护区内 1 252 个问题全部完成整改，其中整治矿业权 334 宗，全部关闭退出；整治水电站 309 座，退出162 座。组织开展"绿盾2020"专项行动，对卫星遥感发现的问题加强调度和整改，整改完成率达 94%，全面启动长江流域重点水域"十年禁渔"，持续改善全省生态环境质量，人民群众的美好生态环境需求得到满足。

（3）持续加强生物多样性保护。四川省在全国率先制定出台《四川省生物多样性保护战略与行动计划（2011—2020 年）》，经过持续努力，生物多样性保护成果显著，物种保护大省地位不断强化。指导部分地区开展重点野生动植物物种资源调查，组织开展生物多样性日宣传活动，包括旗舰物种大熊猫在内的重点野生动植物得到较好保护。积极帮助指导基层妥善解决历史遗留问题。对涉及自然保护区原住民日常生产生活、管护道路建设、生态环境影响较小的文旅设施建设、脱贫攻坚等项目实事求是处理，对重大基础设施、民生改善项目组织专家充分论证，推动解决了一批历史遗留问题。

3. 生态环境保护支撑状况

良好生态环境是最普惠的民生福祉，必须持续用力打好污染防治攻坚战，不断满足人民群众对优美生态环境的新期待，让老百姓实实在在感受到生态环境的改善。

（1）加强立法。修订发布《四川省机动车和非道路移动机械排气污染防治办法》，发布《成都市锅炉大气污染物排放标准》《四川省施工场地扬尘排放标准》《四川省生态环境损害修复管理办法（试行）》，出台《四川省企业环境信用评价指标及计分方法（2019 年版）》和《四川省社会环境监测机构环境信用评价指标及计分方法》。积极推进老鹰水库饮用水水源保护条例、嘉陵江流域生态环境保护条例、固体废物污染防治条例、土壤污染防治条例等地方法规制修订及立法调研工作，积极推进川渝区域协同立法。协调推进《四川省泡菜行业水污染物排放标准》《四川省水泥工业大气污染物排放标准》等地方标准立项，出台《四川省生态环境标准制修订工作管理办法》等。

（2）拓宽环保领域投融资渠道。共争取中央和省级环保专项资金近42

亿元，争取专项债券、抗疫特别国债共 146 亿元，总额同比增加 21%，与省农行、省农发行签订协议并增加审批环保专项贷款 456 亿元，极大缓解了地方财政压力。通过查阅《四川统计年鉴》可知，近年来四川进行环境整治的投资总额也处于震荡增长的态势。2016 年为 470.41 亿元，2017 年为 492.42 亿元，2018 年为 334.05 亿元，2019 年为 426.39 亿元，2020 年为 456.45 亿元。2018 年下跌到最低点，然后又呈现增长态势，这表明环境污染治理行业得到长足发展。但四川省的环境质量投入力度明显不够，落后于市场经济发达程度，这明显不利于环保。虽然近年来四川省加大对环境治理的力度，提出坚决打好污染防治攻坚"八大战役"，但是仍然与《全国城市生态保护与建设规划（2015—2020 年）》中提出的环境污染治理投资占 GDP 的比重 3.5% 相比，还存在很大差距。因此，在全面推进"美丽中国"战略布局过程中，继续加大环境污染治理投资大有必要。

（3）加强宣传。联合四川卫视共同打造《对话绿色先锋》大型访谈栏目，撬动 21 个市（州）党政"一把手"和部分省直部门负责人接受专访，点击量超 2 000 万人次；建立健全环境舆情"全过程"控制链条，进一步筑牢环境舆情"防火墙"；在全国率先实施环保宣教公益示范项目，该项目被中央文明办、生态环境部评为 2020 年十佳公众参与案例；在全国首家上线环保设施开放预约小程序，环保设施向公众开放，辐射公众逾 45 万人。

6.2.6　人民生活概况

1. 居民收入状况

近年来四川省居民收入稳定增长。《2020 年四川省国民经济和社会发展统计公报》显示，2020 年，全省居民人均可支配收入为 26 522 元，较 2019 年增加 1 819 元，增长 7.4%，扣除价格因素实际增长 4.1%；较 2015 年增加 9 301 元，增长 54.0%。按收入类别看，居民工资性收入为 13 032 元，增长 8.2%；经营净收入 5 289 元，增长 4.6%；财产净收入 1 720 元，增长 7.9%；转移净收入 6 482 元，增长 8.0%。按常住地分，如图 6-7、图 6-8 所示，2020 年城镇居民人均可支配收入为 38 253 元，较 2019 年增长 5.8%，扣除价格因素实际增长 2.8%；较 2015 年增加 12 048 元，增长 45.0%。2020 年农村居民人均可支配收入为 15 929 元，较 2019 年增长

8.6%，扣除价格因素实际增长 4.6%；比 2015 年增加 5 682 元，增长 55.5%。从时间对比来看，城镇居民人均可支配收入由 2016 年的 28 335 元 增长到 2020 年的 38 253 元，增长率为 35.0%。农村居民人均可支配收入 由 2016 年的 11 203 元增加到 2020 年的 15 929 元，增长率为 42.19%。这 意味着，同城镇居民比较，农村居民收入增长速度超过城镇居民。其原因 是城镇居民基期数据较大，以及本身公共服务和社会保障存在城乡差异。 但城乡之间人均收入差距仍呈现出逐步增大的态势，城镇居民人均可支配 收入仍然超过了农村居民，2020 年城市居民平均可支配收入大约为农村居 民平均可支配收入的 2.4 倍。就各区域而言，成都市城镇居民的整体平均 可支配收入远较其他市州都要好，甘孜州和凉山州的农民平均可支配收入 也实现了大幅增长。另外，四川在扶贫道路上成效显著。全省 625 万建档 立卡贫困人口全部脱贫，88 个贫困县全部摘帽，11 501 个贫困村全部退 出，集中连片特困地区全面摆脱贫困，特别是聚力攻克大小凉山彝区深度 贫困堡垒，与全国人民一道步入全面小康社会，兑现了向全省人民的庄严 承诺[1]。因此，缩小城乡居民收入差距也是为了实现共同富裕。

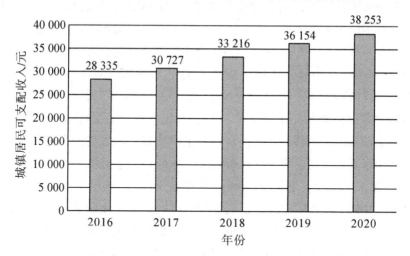

图 6-7 2016—2020 年四川城镇居民人均可支配收入

（资料来源：根据历年《四川统计年鉴》数据整理）

---

① 王晓晖在四川省第十二次党代会上的报告。

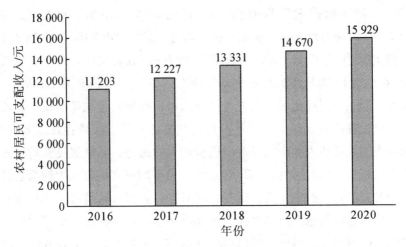

图 6-8 2016—2020 年四川农村居民人均可支配收入

（资料来源：根据历年《四川统计年鉴》数据整理）

（2）居民支出状况

四川省乃西部经济的领头羊。得益于西部大开发的优势条件，近年来四川省经济大幅增长，城镇和农村居民收入均呈现上升的趋势。近年来，随着人民生活水平的提高，四川省城乡居民人均可支配收入和居民的消费水平均在不断提高。2020 年四川居民全年人均消费支出为 19 783 元，较上年增长 2.3%。其中城镇居民人均生活消费支出 25 133 元，较上年下降 0.9%；农村居民人均生活消费支出 14 953 元，较上年增长 6.4%。新冠疫情对城镇居民消费的影响大于农村居民，消费结构还不够平衡。具体来看，食品消费增长较快，在外饮食支出下降明显。居民为避免增加聚集机会，减少了外出就餐，更多居民倾向于在家吃饭或点外卖。全年居民饮食服务消费 1 254 元，下降 11.4%，其中在外饮食支出 1 055 元，下降 13.5%。教育文化娱乐支出受新冠疫情的影响最大，旅游文娱支出下跌最多，具体表现为受培训机构招生减少、外出留学人员锐减以及居民消费缺乏安全感等。此外，互联网与各类消费业态融合，网络消费逆势上扬。居民通过互联网购买商品和服务的次数大幅增加，人均邮费支出增长 3.2%。从时间对比来看，城镇居民人均消费支出由 2016 年的 20 660 元增加到 2020 年的 25 133 元，约增长 22%。农村居民的人均消费支出由 2016 年的 10 192 元增加到 2020 年的 14 953 元，约增长 47%。这表明农村居民人均消费支出增速整体大于城镇。如图 6-9 所示，整体上，近年来四川省城乡居民恩格尔系数均呈现下降趋势，与前几年相比差距有所缩小，农村居民生活水平整体呈现提升状态。但是由于疫情的原因，2020年的恩格尔系数有所上升。尽管农村居民消费有一定提高，但大中城市群众相互之间的生活水平差别仍然巨大，主要因为城镇居民的一般净收入要高出农业人口数，城镇居民的收入较高，城镇居民的消费需求基本达到饱和。因此，需进一步增强消费对社会经济发展的带动效果。

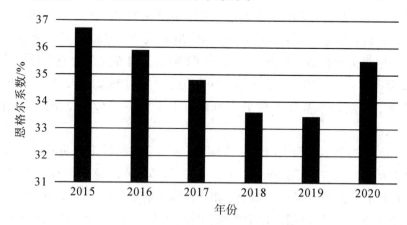

图 6-9　四川省 2015—2020 年恩格尔系数

（资料来源：四川统计局官网）

3. 医疗水平状况

从全面建成小康社会出发，向现代化强国迈进，为健康四川行动赋予了新的历史使命。近年来四川省认真贯彻落实健康中国战略，重点围绕缓解民众的看病难、就医难和身体健康等问题，统筹推进卫生健康重点任务，始终聚焦群众所急所盼，深化拓展健康四川行动，各项工作取得良好成绩。《2020 年四川省卫生健康事业发展统计公报》显示：

（1）基层医疗规模不断扩大。2020 年底，全省医疗卫生机构共有82 793 个（因撤乡并镇因素，比上年减少 964 个），其中医院 2 435 个（约占全省医疗卫生机构的 2.94%）、基层医疗卫生机构 79 491 个（约占96.01%）、专业公共卫生机构（含计划生育技术服务机构）716 个（约占0.86%）、其他医疗卫生机构 151 个（约占 0.18%）。医院中，有公立医院690 个、民营医院 1 745 个。按床位数分，有 100 个床位以下医院 1 410个、100~199 个床位医院 418 个、200~499 个床位医院 334 个、500~799个床位医院 144 个、800 个及以上床位医院 129 个。基层医疗卫生机构中，有社区卫生服务中心（站）1 058 个、乡镇卫生院 4 284 个、诊所（卫生所、医务室）19 128 个、村卫生室 54 202 个。政府办基层医疗卫生机构（不含村卫生室）有 4 817 个，比 2019 年减少 95 个，其中卫生院减少 102 个，社区卫生服务中心（站）增加 3 个，门诊部诊所类机构增加 4 个。

（2）医务人员的规模持续扩大。2020 年末，全省有卫生人员 82.69 万人，与上年相比增加 3.26 万人，增长 4.10%。其中，有卫生技术人员 63.32 万人（占 76.58%）、乡村医生和卫生员 5.71 万人（占 6.90%）。从卫生人员机构分布看，来自医院的有 48.26 万人（占 58.37%），来自基层医疗卫生机构的有 28.79 万人（占 34.82%），来自专业公共卫生机构的有 5.12 万人（占 6.19%）。平均每所医院卫生人员 198.21 人，比上年增加 6.63 人；平均每个基层医疗卫生机构有卫生人员 3.62 人，比上年增加 0.16 人。

（3）医疗床位数不断增加。2020 年末，全省医疗卫生机构床位数有 64.97 万个，其中医院 48.48 万个（占 74.62%）、基层医疗卫生机构 14.96 万个（占 23.03%）。与上年相比，床位增加 1.80 万个，其中医院床位增加 1.50 万个，基层医疗卫生机构床位增加 0.13 万个。平均每所医院有床位 204.48 个，平均每个基层医疗卫生机构（仅包括社区卫生服务中心、街道卫生院、乡镇卫生院、门诊部）有床位 32.29 个，与上年相比，医院增加 3.97 个，基层医疗卫生机构增加 0.96 个。

近年来四川不断推进系列医疗改革，人民医药费大幅增长，城乡居民用药成本基本保持稳定。妇幼卫生服务质量提升，逐步完善公共防控救治系统，大力解决了群众看病难、看病贵等问题。另外，2022 年省第十二次党代会吹响了"建设卫生健康强省"号角，进行了全面部署，四川卫生健康工作在重点突破中不断提档升级。

6.3 本章小结

本章从外部条件和内部条件剖析了四川经济高质量发展基本状况。四川积极融入国内国际双循环发展新格局、积极融入新时代西部大开发建设、积极融入成渝地区双城经济圈建设是四川经济高质量发展的外部条件。从内部条件来看，四川省 GDP 总体保持稳步向好态势，但是增长速度后期逐渐变缓；第三产业发展较好，总体呈现"三二一"格局，产业结构总体改善不明显。创新能力发展水平较低，高等教育水平还不高。四川货物贸易进出口总值持续增长，持续建设开放通道；四川省建立更加有效的区域协调发展机制，绿色发展深入推进，城乡居民人均可支配收入和居民的消费水平、医疗水平等不断提高。因此，衡量评估四川省各地市州经济高质量发展水平，可以有针对性地更好地促进经济社会转向高质量发展。

7 四川省域经济高质量发展的
测度与趋势预测分析

本章主要利用所建立的四川省域经济高质量发展测度指标，基于2012—2020 年四川省有关统计资料，按照熵值法和主成分分析法确定的权重对四川省域经济高质量发展水平做出评估，然后利用 GM（1，1）法预测其未来发展趋势，希望为有关政府部门进一步推动区域经济高质量发展的政策制定提出依据。

7.1 研究方法

7.1.1 熵值法

指标体系中的指标内涵不同，对区域经济高质量发展的重要性也不同，因此在对其进行综合评价时，需要确定指标权重的大小。区域经济高质量发展水平综合评估的关键是设定好指标权重，因为权重的构成是不是科学有效，将影响到评估的科学性和结果的有效性。目前已有的确定指标属性权重的方法可分为主观赋权法、客观赋权法和组合赋权法三大类。主观赋权法是根据决策者主观信息进行赋权的一类方法，比如专家调查法，也称专家赋权法（Delphi 法），即围绕某一主题或问题，征询有关专家或权威人士的意见和看法的调查方法；另外常用的主观赋权法还有层次分析法（AHP）、二项系数法、最小平方法等。客观赋权法是通过一定的数学方法来确定权重的方法，其判断结果不依赖于人的主观判断，有较强的数学理论依据。常用的客观赋权法通常包括主成分分析法、熵值法、离差及均方差法、多目标规划法等。但是客观赋权法的缺点是不能体现评判者对不同属性指标的重视程度，有时确定的权重会与属性的实际重要程度相差较大。采用组合赋权法，其优点是能减少信息失真，使赋权的结果尽可能与实际结果接近。其核心问题在于如何确定两种方法的权重分配。为了使确定的指标体系权重符合客观实际，本研究采用客观赋权法。根据区域经济高质量发展指标体系内容的特征，熵值法和主成分分析法都适合对其进行赋权。本研究主要采用熵值法获取指标权重。

熵值法是客观赋权法的一种，在学术界很受青睐。因此本研究根据区域经济高质量发展测度指标体系的特征，主要通过熵值法对其赋权程度加以评估。本研究的熵值法，是通过比较地区的各种数据信息的差异来判断数据权重。设共有 m 个样本，产生 n 个综合评价指标，形成原始数据矩阵 $\boldsymbol{X} = (x_{ij})_{m \times n}$，假如在熵值法中出现某一项指标 x_j，其对应的指标值 X_{ij} 的差距越大，则区域经济高质量发展指标在综合评价中所起的作用越大；而假如某一项指标的指标值完全相等，那么该指标在区域经济高质量发展综合评估中的效果也不明显。

第一步，对信息的非负数据化处理。由于熵值法计算采取的是各个方案某一指标占同一指标综合的比值，为了减少量纲对评价结果的影响，需要进行标准化处理；若数据中出现负数，则需对数据进行非负化处理。

对于越大越好的指标： $\quad r_{ij} = \dfrac{x_{ij} - x_i^{\min}}{x_i^{\max} - x_i^{\min}}$ （7-1）

对于越小越好的指标： $\quad r_{ij} = \dfrac{x_i^{\max} - x_{ij}}{x_i^{\max} - x_i^{\min}} + 1$ （7-2）

为了方便起见，记着非负化处理后的数据为 R_{ij}。

第二步，由 $\boldsymbol{R} = (x_{ij})_{m \times n}$ 计算第 i 项指标下第 j 个方案占该指标的比重 f_{ij}。

$$f_{ij} = \dfrac{r_{ij}}{\sum\limits_{i=1}^{m} r_{ij}} \quad i = 1, 2, \cdots, m; j = 1, 2, \cdots, n \quad (7\text{-}3)$$

第三步，计算第 i 个评价指标 f_i 输出的熵。

$$H_i = -K \sum_{j=1}^{n} f_{ij} \ln f_{ij} \quad j = 1, 2, \cdots, n \quad (7\text{-}4)$$

第四步，确定各目标的熵权系数。

$$W_i = \frac{1 - H_i}{m - \sum\limits_{i=1}^{m} H_i} \quad i = 1, 2, \cdots, m \qquad (7\text{-}5)$$

通过以上步骤可以得到区域经济高质量发展评价指标体系中每个二级指标对应的权重。该指标权重越小，表示该指标对区域经济高质量发展的影响越小；反之影响越大。另外一级指标权重根据二级指标的重要性来确定。

第五步，构建一个区域经济高质量发展水平综合评估模型。利用多目标线性求和法计算经济高质量发展水平及各子系统经济高质量发展的评价值。值越大评价对象的得分值越高，表明区域经济高质量发展评价结果效果越好。其公式表达如下：

$$F_i = \sum\limits_{j=1}^{m} W_j \cdot f_{ij} \quad (i = 1, 2, \cdots, n) \qquad (7\text{-}6)$$

上式中，F_i 表示第 i 个被评价对象的区域经济高质量发展水平的综合评价值。值越大，表明综合评价值越高；反之，值越小，表明综合评价值越小。

近年来，一些学者采用熵值法对经济高质量发展水平进行了评价。鲁亚运、原峰、李杏筠[①]在界定海洋经济高质量发展内涵基础上，从五大发展理念方面构建了包含 16 个评价维度 25 个指标的海洋经济高质量发展评价指标体系，并采用信息熵确权的方法测算了 2016 年我国沿海各省份海洋经济高质量发展综合水平。何菊莲、陈郡、梅烨[②]构建高等教育人力资本水平测评指标体系，运用 1999—2019 年面板数据进行指数法和基于熵权改进 TOPSIS 法的测评，得出了高校扩招以来我国高等教育人力资本水平呈现良好发展态势的结论。杨慧芳、张合林[③]采用 2006—2018 年黄河流域 9 个省份的面板数据，运用熵值法和耦合协调度模型，对黄河流域"生态-经济"系统的耦合协调程度进行实证分析，得出了研究期内黄河流域生态和经济系统综合指数均值均呈现上升态势的结论。

---

① 鲁亚运，原峰，李杏筠. 我国海洋经济高质量发展评价指标体系构建及应用研究：基于五大发展理念的视角 [J]. 企业经济，2019，38（12）：122-130.

② 何菊莲，陈郡，梅烨. 基于经济高质量发展理念的我国高等教育人力资本水平测评 [J]. 教育与经济，2021，37（6）：44-52.

③ 杨慧芳，张合林. 黄河流域生态保护与经济高质量发展耦合协调关系评价 [J]. 统计与决策，2022，38（11）：114-119.

7.1.2 主成分分析法

主成分分析法基于降维思想，提取原变量主要信息，将多个变量转化为少数几个主要成分。主成分分析法由于既可以简化原始变量，也可以通过提取主成分尽可能保留原始变量信息，因此在经济学、管理学和社会学等社会科学领域研究中得到广泛的应用。具体步骤为：

1. 数据正向化和标准化

在采用主成分分析之前，首先要确定基础指标的属性，如果某项基础指标是反向指标或适度指标，那么需要采用一定的方法将其正向化。具体讲，本书处理各类指标的方法如下：

第一，保持正向指标不变；

第二，对于逆向指标，直接取其倒数；

第三，对于适度指标，取离差绝对值的倒数：

$$y_{ij} = \frac{1}{|x_{ij} - k|} \tag{7-8}$$

其中，y_{ij} 是正向化后的数据，正向化的数据表整体记为 y。数据正向化后，还需要进行标准化处理，转化为无量纲的标准化数据。标准化方法如下：

$$X_{ij} = \frac{y_{ij} - \bar{y}_j}{\delta_j} \tag{7-9}$$

其中，X_{ij} 是标准化后的数据，$\bar{y}_j$ 是 y_{ij} 第 j 项指标的均值，δ_j 为该项指标的标准差。当完成数据正向化和标准化后，原始时序立体数据表转换为新的时序立体数据表，记为：

$$X_i = (X^1, X^2, \cdots, X^t)'_{T_{n \times p}} = (X_{ij})_{T_{n \times p}} \tag{7-10}$$

2. 计算协方差矩阵和特征向量

首先，定义新的全局数据表的重心：

$$g = (\bar{X}_1, \bar{X}_2, \cdots, \bar{X}_p) = \sum_{t=1}^{T} \sum_{i=1}^{n} q_i^t e_i^t \tag{7-11}$$

其中，q_i^t 是在 t 时刻样本点 e_i 的权重，且

$$\sum_{t=1}^{T} \sum_{i=1}^{T} q_i^t = 1, \quad \sum_{i=1}^{n} q_i^t = \frac{1}{T} \tag{7-12}$$

可以看出，如果样本点 e_i 的权重随时间保持不变，全局中心就等于各表重心的平均。定义全局变量为：

$$X_{1j} = (X_{1j}^1, \cdots, X_{nj}^1, \cdots, X_{1j}^2, \cdots, X_{nj}^2, \cdots, X_{1j}^T, \cdots, X_{nj}^T) \quad (7-13)$$

可以得到

全局方差：$s_j^2 = \mathrm{Var}(X_j) = \sum_{t=1}^{T} \sum_{i=1}^{n} q_i^t (X_{ij}^t - \bar{X}_j)^2$ $\qquad (7-14)$

全局协方差：$s_{jk} = \mathrm{cov}(X_j, X_k) = \sum_{t=1}^{T} \sum_{i=1}^{n} q_i^t (X_{ij}^t - \bar{X}_j)(X_{ij}^t - \bar{X}_k)$ $\quad (7-15)$

全局协方差矩阵 $\boldsymbol{V} = (S_{jk})_{p \times p} = \sum_{t=1}^{T} \sum_{i=1}^{n} q_i^t (e_i^t - g)(e_i^t - g)'$ $\qquad (7-16)$

得到协方差矩阵后，可以求出前 m 个特征值，$\lambda_1 \geqslant \lambda_2 \geqslant \lambda_3, \cdots, \geqslant \lambda_m$，以及各特征值所对应的特征向量 $\mu_1, \mu_2, \cdots, \mu_m$。

3. 计算主成分和方差贡献率

由于 X 已经标准化了，此时，第 k 主成分 $F_k = \mu'_k X$，可求得主成分 $F_1, F_2, \cdots, F_p$ 的方差贡献率：

$$a_k = \frac{\lambda_k}{\sum_{i-1}^{p}} \qquad (7-17)$$

方差贡献率越高，代表第 k 主成分解释原有信息差异的能力越强。

累积方差贡献率为：

$$a_1 + a_2 + \cdots + a_k = \frac{\sum_{i-1}^{k} \lambda_i}{\sum_{i-1}^{p} \lambda_i} \qquad (7-18)$$

累积贡献率越大，代表前 k 个主成分包含的原始信息越多。一般来讲，选出前 m 个最大特征值对应的主成分 $F_1, F_2, \cdots, F_m$，使其累积方差贡献率达到或者大于 85%。

4. 求因子载荷矩阵、主成分系数

得到贡献率最大的 m 个主成分后，就需要求得 X_i 与 F_j 的相关系数 r_{ij}，得到因子载荷矩阵 $\boldsymbol{A} = (r_{ij})$，$r_{ij}$ 是第 i 个变量 j 个共因子在 F_i 上的载荷，可以解释主成分 F_j 包含哪些变量的信息。然后，将因子载荷矩阵第 i 列数值除以对应第 i 个特征根的平方就可得到指标主成分系数，即

$$u_{ij} = \frac{r_{ij}}{\sqrt{\lambda_i}} \qquad (7-19)$$

得到主成分系数后，我们就可计算出第 i 个主成分得分。

$$指标权重 = \sum_{i=1}^{p} \frac{a_{mi} \cdot a_i}{p} \tag{7-20}$$

5. 求综合评价函数

$$F = \sum_{i-1}^{m} \frac{\lambda_i}{q} \cdot f_i \tag{7-21}$$

其中，λ_i 是第 i 个主成分的特征根；f_i 是第 i 个主成分得分；q 是所有主成分特征根之和；F 是最后要得到的综合评价指数。

近年来采用主成分分析法评价相关经济社会发展情况的文献较丰。例如，陈贵富、蒋娟[1]基于经济发展质量的内涵，从经济发展基本面、社会成果、资源与环境三个维度，采用主成分分析法测算中国 30 个省、自治区、直辖市 1998—2017 年经济发展质量情况。吴少华、李语佳[2]从城市竞争力出发，构建城市竞争力评价模型，运用主成分分析法对西部地区 51 个样本城市进行了实证分析。朱玮玮[3]基于 2011—2020 年中国 30 个中心城市的数据，采用主成分分析法对中国城市金融竞争力水平进行了统计测度。

7.1.3 灰色预测模型

1. 模型概述和原理

灰色预测模型（Gray Forecast Model）是通过少量的、不完全的信息，建立数学模型并作出预测的一种方法。灰色系统理论认为，尽管客观表象复杂，但总是有整体功能的，因此必然蕴含某种内在规律。关键在于如何选择适当的方式去挖掘和利用它。灰色系统通过对原始数据的整理来寻求其变化规律，这是一种就数据寻求数据的现实规律的途径，也就是灰色序列的生产。其原理是，灰色预测通过鉴别系统因素之间发展趋势的相异程度，即进行关联分析，并对原始数据进行生成处理来寻找系统变动的规律，生成有较强规律性的数据序列，然后建立相应的微分方程模型，从而预测事物未来发展趋势。

---

① 陈贵富，蒋娟. 中国省际经济发展质量评价体系及影响因素研究 [J]. 河北学刊，2021，41（1）：148-157.

② 吴少华，李语佳. 基于主成分分析的西部地区城市竞争力评价研究 [J]. 经济问题，2021（11）：115-120.

③ 朱玮玮. 中国城市金融竞争力的统计测度与比较 [J]. 技术经济与管理研究，2022（4）：67-72.

2. 模型分类

灰色预测的核心体系是灰色模型（Grey Model，GM），即对原始数据做累加（或者累减、均值等方法）生成近似的指数规律再进行建模的方法。灰色预测的分类如表7-1所示。

表7-1　GM（1，1）与GM（2，1）、DGM、Verhulst **模型分类比较**

预测模型	适用场景	涉及的序列
GM（1，1）模型	一阶微分方程，只含有1个变量的灰色模型。适用于有较强指数规律的序列	累加序列 均值序列
GM（2，1）模型	适用于预测具有饱和的S形序列或者单调的摆动发展序列缺陷	累加序列 累减序列 均值序列
DGM模型		累加序列 累减序列
Verhulst模型		累加序列 均值序列

3. 灰色GM（1，1）模型介绍

基于上述介绍，本研究采用灰色预测模型中的GM（1，1）分别对经济高质量发展的6个维度及其综合经济高质量发展指数进行趋势预测，从而探讨未来10年内，即四川在基本实现社会主义现代化进程中的经济高质量发展状况。GM（1，1）是包含1个变量的1阶微分方程模型，具有求解易、原理简单、计算量小、计算时间短、精度较高等优点[①]，因此广泛运用于社会学、经济学等研究中。相关的计算步骤如下：

第一步，数据处理。设时间序列 X^0 有 n 个观察值，$X^{(0)} = \{x^{(0)}(1), x^{(0)}(2), \cdots, x^{(0)}(n)\}$，所有观察值都是大于 0 的。通过公式 $x^{(1)}(k) = \sum_{t=1}^{k} x^{(0)}(k = 1, 2, \cdots, n)$ 累加生成新序列 $X^{(1)} = \{x^{(1)}(1), x^{(1)}(2), \cdots, x^{(1)}(n)\}$，新生成的数据列为一单调增长的曲线，增加了原始数据列的规律性。

第二步，建立微分方程。其核心思想是将时间序列转化为微分方程，

---

① 王晓原，李军. 灰色GM（1，1）模型在区域物流规模预测中的应用 [J]. 武汉理工大学学报（交通科学与工程版），2005，29（3）：415-417.

从而建立抽象发展变化的动态模型，即为 GM 模型。则 GM（1，1）是包含 1 个变量的 1 阶微分方程模型，其相应的微分方程为：

$$\frac{\mathrm{d}X^{(1)}}{\mathrm{d}t} + aX^{(1)} = \mu \qquad (7\text{-}22)$$

其中，a 称为发展灰数，μ 称为内生控制灰数。

第三步，估计公式（7-22）中的 a 和 μ。通过最小二乘法拟合求解：

$$\bar{a} = \begin{bmatrix} a \\ u \end{bmatrix} = (B^{\mathrm{T}}B)^{-1}B^{\mathrm{T}}X_n \qquad (7\text{-}23)$$

$$B = \begin{bmatrix} -1/2(X^{(1)}(1) + X^{(1)}(2)) & 1 \\ -1/2(X^{(1)}(2) + X^{(1)}(3)) & 1 \\ \cdots & \cdots \\ -1/2(X^{(1)}(n-1) + X^{(1)}(n)) & 1 \end{bmatrix}, \quad X_n = \begin{bmatrix} X^{(0)}(2) \\ X^{(0)}(3) \\ \cdots \\ X^{(0)}(n) \end{bmatrix}$$

$$(7\text{-}24)$$

得到微分方程所对应的时间响应函数：

$$x^{(1)}(k+1) = \left[x^{(0)}(1) - \frac{\mu}{a} \right] e^{-ak} + \frac{\mu}{a} \quad k = 0,1,\cdots,n-1$$

$$(7\text{-}25)$$

（7-25）式是数列预测的基础公式（时间相应序列），最终预测值可以通过周期响应函数将预测值做一次性累减还原，其中 $x^0(k)$ 的计算公式如下：

$$x^{(0)}(k) = x^{(1)}(k) - x^{(1)}(k-1) \qquad (7\text{-}26)$$

第四步，检验预测值。要经过检验才能判定这个模型是不是合理。灰色预测检验一般有残差检验、后验差检验和关联度检验等方法。一般用得比较多的检验方法是残差检验和后验差检验。

（1）残差检验。计算原始数列 $x^{(0)}(k)$ 与模型计算值 $\bar{x}^{(0)}(k)$ 的残差 $\delta^{(0)}(k)$ 和相对误差 $N^{(0)}(k)$。残差 $\delta^{(0)}(k) = x^{(0)}(k) - \bar{x}^{(0)}(k)$，则相对误差 $N^{(0)}(k) = \delta^{(0)}(k)/x^{(0)}(k)$。若相对误差 $N^{(0)}(k) < 0.2$，那么可判断该模型的残差检验是合格的。

（2）后验差检验。该检验的思想就是将预测数据和原始数据进行对比，根据对比的程度判断数据的优劣。其步骤是：首先，求出原始数据的标准差 S_1；其次，求出所有预测数据的残差的标准差 S_2；再次，求出 S_2 与 S_1 的比值，记为后验差比值 C，C 越小越好，一般要求 $C \leqslant 0.45$；最后，

计算小误差频率 P，P 值要大，其中 $P = \{|\delta^{(0)}(k) - C| < 0.671\ 5 \times S_1|\}$，一般不得小于 0.7[①]。模型的精确度由 P 和 C 共同刻画，如表 7-2 所示。

表 7-2 后验差精度标准

等级	后验差比 C	小误差频率 P
好	$C < 0.35$	$P > 0.95$
合格	$C < 0.45$	$P > 0.80$
勉强	$C < 0.50$	$P > 0.70$
不合格	$C \geqslant 0.65$	$P \leqslant 0.70$

　　近年来，一些学者采用灰色预测模型研究了社会经济趋势。例如，史习习、杨力[②]基于资源、经济、社会、生态环境和科技 5 个系统选取 37 项指标构建黄河流域可持续发展指标体系，计算 5 个子系统的耦合度与耦合协调度，最后对其耦合协调度使用灰色 GM（1，1）模型进行预测。徐胜、高科[③]选取 2010—2019 年相关数据，构建海洋中心城市高质量发展评价指标体系，运用熵值法等 4 种方法对指标体系进行联合评价、确定指标权重，得到综合评价结果，并利用灰色预测模型对海洋中心城市的未来发展进行预测。王珂、郭晓曦、李梅香[④]构建网络购物与物流发展评价体系，采用灰色 GM（1，1）预测模型，对我国 2020—2023 年网络购物、物流发展与彼此子系统交叉匹配的耦合协调度进行灰色预测。

7.2 四川省域经济高质量发展的测度与分析

7.2.1 数据来源

　　数据来源，指的是所得到的数据的来源。本书基于四川省域经济社会

---

　　① 宁宣熙，刘思峰. 管理预测与决策方法 [M]. 北京：科学出版社，2009：113-145.

　　② 史习习，杨力. 黄河流域 2008—2018 年可持续发展评价与系统协调发展分析 [J]. 水土保持通报，2021，41（4）：260-267.

　　③ 徐胜，高科. 中国海洋中心城市高质量发展水平测度研究 [J]. 中国海洋大学学报（社会科学版），2022（3）：2-19.

　　④ 王珂，郭晓曦，李梅香. 网络购物与物流发展耦合协调测算及趋势预测 [J]. 统计与决策，2022，38（11）：74-78.

高质量发展指标所选取的评价指数，通过对《四川省统计年鉴》《中国城市统计年鉴》以及四川省和四川 21 个地级市的数据年鉴和统计公报进行检索，获得各指数的原始数据。此外，由于统计数据难免存在缺失，故本书采用线性插值法进行填补。线性插值法是数学、计算机图形学等领域广泛使用的一种简单插值方法。

7.2.2 指标体系权重设置

本研究利用熵值法和主成分分析法所确定的权重做算数平均处理以确定最终权重。采用熵值法获得指标权重的步骤如下：利用经济高质量发展水平指标体系每个指标各年度的数据，构建 $X = (x_{ij})_{6 \times 20}$ 的样本矩阵，然后根据公式（7-1）至（7-2）对数据进行无量纲化处理，形成标准化矩阵。根据公式（7-3）至（7-5），运用 SPSS 软件对数据进行标准化处理，利用调整后的数值估算第 i 个指标下第 j 个项目占该指标的比例，然后计算第 j 个指标的信息熵 H_j，进而计算出第 j 项指标的权重 W_j。同样，根据主成分分析法，获得各项指标的权重，最后做算数平均处理以确定最终的权重。具体权重见表7-3。

表 7-3　四川省域经济高质量发展指标体系的各级指标权重

一级指标	权重	二级指标	权重
经济增长稳定	0.155	GDP 增长速度	0.263
		消费者价格指数	0.210
		失业率	0.334
		服务产业重视度	0.193
创新驱动发展	0.196	专利授权	0.272
		R&D 投入强度	0.216
		创新型人力资本	0.267
		高技术产业利润	0.245
区域协调融合	0.135	劳动力要素市场化	0.233
		医疗设施共享	0.229
		交通设施共享	0.157
		城乡收入协调水平	0.381

表7-3(续)

一级指标	权重	二级指标	权重
对外开放深化	0.142	高技术产品出口占比	0.241
		进出口总额占比	0.282
		战略性新兴产业实际利用外资	0.271
		年入境境外旅客量	0.206
生态环境优美	0.169	森林植被	0.224
		绿化覆盖	0.241
		污水处理	0.262
		环保投资	0.273
人民生活幸福	0.203	收入福利	0.278
		消费福利	0.233
		教育福利	0.243
		健康福利	0.246

从表7-3可知，在24项二级指标中权重排在前十位的分别是失业率（0.334）、进出口总额占比（0.282）、收入福利（0.278）、环保投资（0.273）、专利授权（0.272）、战略性新兴产业实际利用外资（0.271）、创新型人力资本（0.267）、GDP增长速度（0.263）、污水处理（0.262）、健康福利（0.246），它们对经济高质量发展的综合评价影响较大。接下来比较经济增长稳定、创新驱动发展、区域协调融合、对外开放深化、生态环境优美、人民生活幸福这6个维度的权重。我们发现这6个维度的权重排序为人民生活幸福（0.203）、创新驱动发展（0.196）、生态环境优美（0.169）、经济增长稳定（0.155）、对外开放深化（0.142）、区域协调融合（0.135）。这表明人民生活幸福、创新驱动发展两个维度对四川省经济高质量发展有着重大影响。

7.2.3 测度结果与分析

对四川省经济高质量发展的评价指标权重进行赋值，再计算各市域每年指标值与对应评价指标权重系数的乘积之和，得到该市域的年度评价得分，进而得出2012—2020年四川省地级市经济高质量发展综合评价值

（如表 7-4 所示）。

表 7-4　2012—2020 年四川省地级市经济高质量发展综合评价值

地级市（州）	年份					
	2010	2012	2014	2016	2018	2020
成都市	0.607	0.643	0.677	0.711	0.774	0.841
自贡市	0.299	0.337	0.369	0.400	0.435	0.461
攀枝花市	0.349	0.372	0.396	0.420	0.451	0.478
泸州市	0.446	0.476	0.521	0.539	0.574	0.610
德阳市	0.429	0.452	0.486	0.526	0.568	0.621
绵阳市	0.587	0.611	0.647	0.698	0.737	0.797
广元市	0.331	0.361	0.392	0.427	0.451	0.477
遂宁市	0.382	0.411	0.445	0.492	0.533	0.572
乐山市	0.396	0.429	0.461	0.503	0.541	0.581
内江市	0.322	0.352	0.395	0.419	0.459	0.487
南充市	0.478	0.502	0.559	0.591	0.598	0.603
眉山市	0.366	0.404	0.449	0.482	0.515	0.550
宜宾市	0.481	0.516	0.547	0.579	0.617	0.626
广安市	0.300	0.329	0.351	0.382	0.401	0.435
达州市	0.278	0.302	0.331	0.363	0.395	0.433
雅安市	0.289	0.314	0.341	0.369	0.392	0.421
巴中市	0.364	0.402	0.441	0.479	0.510	0.548
资阳市	0.395	0.421	0.449	0.480	0.506	0.529
阿坝州	0.236	0.257	0.287	0.306	0.330	0.356
甘孜州	0.295	0.323	0.356	0.385	0.403	0.442
凉山州	0.316	0.333	0.362	0.395	0.425	0.453

为了从宏观的视角揭示四川省域 21 个地市州之间经济高质量发展状况的区域差异，我们采用以组间连接聚类方法，对表 7-4 中 21 个市域的经济高质量发展评价值综合得分进行聚类分析，同时主要以平方欧氏距离为度量标准。聚类结果如表 7-5 所示。

表 7-5　四川经济高质量发展水平聚类分析结果

分类	市域
第一类	成都、绵阳
第二类	德阳、泸州、宜宾、南充
第三类	达州、乐山、眉山、资阳、遂宁、自贡、内江、广元、广安、巴中、攀枝花
第四类	雅安、凉山、甘孜、阿坝

从聚类结果来看，四川省域的 21 个市州经济高质量发展水平被分为 4 类。第一类地区是成都和绵阳。结合表 7-4 的综合得分及排名来看，2012—2020 年的 8 年间成都市的经济高质量发展综合得分一直排名第 1，遥遥领先于其他市州。而位于第 2 名的地区是绵阳市，但是绵阳市与成都市的综合得分相差较大，这表明成都市在四川省域经济高质量发展中所起的带头示范作用，对其他地区的发展具有涓滴效应，要利用第一类地区的优势带动周边地区发展。因此，要进一步增强成都平原经济区引领带动作用，支持其在全省现代化建设中走在前列。

聚类结果中第二类地区主要有德阳、泸州、宜宾、南充 4 个，其经济高质量发展的综合评价值比较靠前。2022 年 5 月，四川省第十二次党代会报告明确指出，支持绵阳发挥科技城优势加快建成川北省域经济副中心、支持宜宾—泸州组团建设川南省域经济副中心、支持南充—达州组团培育川东北省域经济副中心。这是顺应区域经济发展演变新趋势、对"一干多支、五区协同"战略部署的深化拓展，反映出着眼增强区域发展协调性、平衡性的重大价值。结合表 7-4 的数据来看，这 4 个地区的综合评价值都在逐年上升。德阳是重要的工业城市，地理位置重要，位于成都平原经济区，社会建设成果显著；德阳是"成德眉资同城化"发展战略的一部分，也就是在成都都市圈里，其经济高质量发展水平一直靠前。川南经济区的泸州和宜宾以及川东北经济区的南充的经济高质量发展水平较高。泸州和宜宾作为川南经济区的代表，地理位置重要，是西南出海大通道的必经之地。特别要指出，近几年泸州的社会经济发展速度快，泸州大力实施创新驱动发展战略，推动质量变革、效率变革、动力变革，探索双城经济圈背景下泸州创新驱动的发展路径；近几年泸州市委市政府非常重视加强与川南城市合作，加快推动宜泸沿江协同发展，共同发展壮大川南经济区，正努力建成四川南向开放门户和川渝滇黔接合部区域经济中心，其中商贸物流中心、医药健康中心、金融中心、教育培训中心、赛事中心、消费中心6个区域性中心建设初具雏形，区域中心城市地位逐步显现；另一方面，泸州坚持"一体两翼"特色发展战略，形成了具有泸州特色的区域科技创新体系，打造成渝地区双城经济圈具有影响力的区域科技创新中心。由此可见，这四个市域的经济高质量发展水平处于四川省21个市州的前列，因此，要推动川南经济区一体化和内自同城化发展，高水平建设全省第二经济增长极；推动川东北经济区振兴发展，建设东出北上综合交通运输大通道，打造成南达万沿线经济走廊。但是第二类地区要在发挥自身优势的同时借鉴第一类地区的经验以弥补不足。

处于聚类结果第三类的是达州、乐山、眉山、资阳、遂宁、自贡、内江、广元、广安、巴中、攀枝花11个地区。结合表7-4数据来看，成都平原区的乐山、眉山、资阳、遂宁4个地区经济高质量发展水平相对较高，表明地理区位因素具有重要的作用。川南地区的自贡和内江相比泸州和宜宾就存在一定差距，因内江和自贡的产业发展吸引力不足，开放性经济不强，创新驱动力有待提升。近年来内江正加快建设"一枢纽、两中心、三基地、四区块"，即建设成渝重要交通枢纽，建设成渝重大科技成果转化中心、优质人力资源培育中心，建设成渝现代制造业配套基地、绿色优质农产品生产基地、现代物流和电子商务服务基地，建设成渝自由贸易试验区协同改革先行区、数字经济创新发展协同区、文化旅游融合发展试验区、绿色发展重要功能区。实施构建"5+4+5"现代产业创新发展大体系、建设滨水宜居大城市、推进"一点三线"立体全面大开放、践行沱江流域水环境大保护、构筑城乡基层治理和现代公共服务大格局5项重大行动计划。这些政策的实施极大地推动了内江高质量发展。川东北经济区的广元、广安、巴中相比南充还有一定差距，因这些地区的工业基础薄弱，服务业发展较为滞后，吸引外商投资的力度不够，故经济高质量发展水平相对较低。攀西经济区的攀枝花经济高质量发展水平相对三州地区而言较高，因攀枝花市工业基础较好，是国家战略资源创新开发试验区和现代农业示范基地，近几年重视绿色发展引领社会经济发展，招商引资力度不断扩大。因此攀枝花市的经济高质量发展水平明显超过三州地区。

聚类结果第四类城市包括雅安、凉山、甘孜、阿坝4个地区。从表7-4可知，这4个地区的经济高质量发展综合得分都比较低，2012—2020年这四个地区的经济高质量发展水平都处于比较靠后的位置。这 4 个地区的 6 个维度建设水平均处于比较落后的位置，这就导致了整体排名落后。因此，要加快促进低水平区转型发展，不能片面追求某一方面维度的建设而忽略其他维度的建设，要兼顾当前利益与长远利益、局部与整体、经济发展与生态环境保护有机融合的可持续协调发展，从而制定相关政策引导 5 大经济区形成协同发展、相互促进的局面。

由以上分析可知，四川省域经济高质量发展水平极不均衡，处于成都平原经济区的成都、绵阳和德阳的经济高质量发展水平最高，而处于三州地区的经济高质量发展水平较低。可以说，四川走出了区域经济高质量发展的"三大经济副中心"的"四川实践模式"，即支持绵阳发挥科技城优势加快建成川北省域经济副中心、支持宜宾—泸州组团建设川南省域经济副中心、支持南充—达州组团培育川东北省域经济副中心。四川省是中国西部重要地区，其经济高质量发展事关中国全面建设社会主义现代化国家。因此，各级政府必须坚持以习近平经济思想为指导，让其成为指导经济高质量发展的指南针。各级政府要因地制宜，充分发挥各地区的自身优势，综合发展水平较高的地区要利用发展优势反哺发展水平较低的地区，通过"高质量区"带动"低质量区"，来制定实现各地区"共同高质量发展"这样一个长远发展目标，全面促进四川 5 大经济区的协同发展。

7.3 四川省域经济高质量发展的预测分析

7.3.1 模型构建及检验

本研究基于 2012—2020 年四川省域经济高质量发展水平的测度结果，对 2021—2030 年的指数水平进行预测分析。首先，利用 GM（1，1）预测模型对原始数据进行生成处理以发现系统的变动规律。通过 MATLAB 软件，以区域经济高质量发展的经济增长稳定、创新驱动发展、区域协调融合、对外开放深化、生态环境优美、人民生活幸福 6 个维度和经济高质量发展的综合指数作为原始数据 $x^{(0)}$ 做一次累加后得到 $x^{(1)}$，并以此构建矩阵 B 和 Xn。通过模型的构建，得到 7 个参数的拟合方程。预测模型及其检验结果如表 7-6 所示。可以发现，采用后验差检验法对预测结果进行检验，预测模型中后验差比值 C 均小于 0.35，小误差频率 P 都是大于 80%，表明

GM（1，1）预测的准确性较高，可用作中长期预测。

表7-6 GM（1，1）灰色预测模型及检验结果

预测指标	参数值	拟合模型	C值	P值
经济增长稳定指数	$\alpha=-0.07$	$X^{(1)}(k+1)=62.08e^{-0.06}-68.36$	0.137	0.83
创新驱动发展指数	$\alpha=-0.03$	$X^{(1)}(k+1)=46.30e^{-0.03}-52.66$	0.326	0.81
区域协调融合指数	$\alpha=-0.04$	$X^{(1)}(k+1)=102.63e^{-0.04}-155.02$	0.261	0.82
对外开放深化指数	$\alpha=-0.06$	$X^{(1)}(k+1)=62.08e^{-0.06}-24.69$	0.029	0.86
生态环境优美指数	$\alpha=-0.08$	$X^{(1)}(k+1)=89.11e^{-0.08}-15.93$	0.237	0.88
人民生活幸福指数	$\alpha=-0.11$	$X^{(1)}(k+1)=62.08e^{-0.11}-26.94$	0.049	0.89
省域经济高质量发展水平综合指数	$\alpha=-0.09$	$X^{(1)}(k+1)=12.13e^{-0.09}-139.4$	0.069	0.91

7.3.2 预测结果分析

根据表7-6的拟合模型，对2021—2030年四川省域经济高质量发展的经济增长稳定、创新驱动发展、区域协调融合、对外开放深化、生态环境优美、人民生活幸福6个维度的指数及其综合指数进行预测。预测结果如图7-1所示。

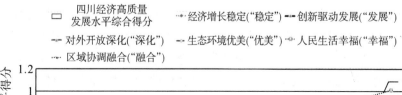

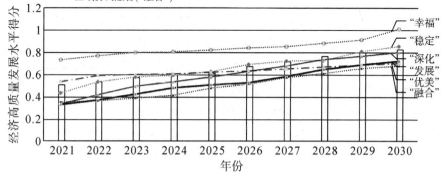

图7-1 2021—2030年四川省域经济高质量发展水平的模型预测值

从预测结果可知，2021—2030 年，四川省域经济高质量发展的综合指数为 0.824，是 2012 年的 2.7 倍。这表明 2021—2030 年这 10 年是四川乘势而上开启全面建设社会主义现代化国家新征程、向第二个百年奋斗目标前进的关键 10 年。四川省大力践行新发展理念，经济发展更加注重提质增效，经济高质量发展水平整体大幅提升，这无疑是实现中国"现代化强国"之梦的最重要标志。

从分维度指数来看，经济高质量发展的经济增长稳定、创新驱动发展、区域协调融合、对外开放深化、生态环境优美、人民生活幸福 6 个维度的指数及其综合指数均相应增长。据预测，2030 年经济增长稳定指数将达到 0.845，是 2012 年的 2.8 倍。这表明四川省在未来经济发展将一直坚持以"稳"为基本，坚持稳中求进的工作基调，确保经济不出现较大波动。创新驱动指数增长较快，2030 年达到 0.712，是 2012 年的 4 倍，表明四川就是推进基本实现社会主义现代化的"加速器"——不断培育经济增长动能，造就一大批具有国际水平的战略科技人才，加快建设创新型国家。2030 年区域协调融合指数为 0.669，是 2012 年的 3.1 倍，表明未来四川省的城乡结构将更加完善，城乡一体化程度显著提高，"一干多支、五区协同"的区域结构更加合理，四川省三大省域副中心建设促进区域协调发展的成效更明显。2030 年对外开放指数为 0.791，是 2012 年的 3.3 倍，表明未来四川省的对外开放水平将更深入一步，贸易规模实现从数量规模向质量效应转变，开放型经济特征明显，逐渐推动形成全面开放的新格局。2030 年生态环境优美指数为 0.692，是 2012 年的 2.9 倍，表明四川省未来将一直坚持"人与自然和谐共生"理念，推进"美丽四川"建设成效显著，生态环境保护制度化、规范化和法制化建设不断加强。但需要指出的是，本书是根据过往生态环境的演变趋势进行预测，并未考虑经济发展对环境保护的进一步影响，因此未来生态环境保护的紧迫性比模型预测更加严峻。2030 年人民生活幸福指数为 1，达到最高点，是 2012 年的 1.9 倍，表明未来四川将大力践行以人民为中心的思想，人民的收入、消费、教育、医疗等美好生活的质量大力提升，人口与资源、环境、社会的关系越来越和谐，人民生活更加富裕，中等收入群体比例明显提高。

综上所述，灰色预测已经广泛应用于社会学、经济学、教育学研究中，在经济社会发展领域更是广泛应用于经济增长率的预测、经济增长动能等方面的预测，但每种方法都有其自身的优点和不足之处。本研究依据四川省 2012—2020 年间经济增长稳定、创新驱动发展、区域协调融合、对外开放深化、生态环境优美、人民生活幸福 6 个维度的指数及经济高质量发展综合指数等相关数据建立灰色 GM（1，1）预测模型。结果表明，预测值与实际值的走势基本一致，表明预测结果具有一定的准确性和合理性。需要指出的是，经济社会发展的变化会受到国家宏微观政策等一系列因素的影响，各种因素比较复杂，未能考虑全面，这也是本研究的不足之处。对四川省域经济高质量发展的 6 个维度及综合指数的预测，可以为政府及相关部门制定合理的促进四川经济高质量发展、早日实现第二个百年奋斗目标的对策提供参考。

7.4　本章小结

本书基于习近平经济思想，构建包括经济增长稳定、创新驱动发展、区域协调融合、对外开放深化、生态环境优美、人民生活幸福 6 个维度的新时代区域经济高质量发展测度体系。首先运用熵值法和主成分分析法确定指标权重，在此基础上利用综合评价模型对四川及其市域 2012—2020 年经济高质量发展水平进行测度，再采用灰色预测模型预测 2021—2030 年四川省域经济高质量发展状况。基本结论如下：

（1）从评价结果来看，第一类地区是成都和绵阳。第二类地区主要有德阳、泸州、宜宾、南充 4 个。第三类地区包括乐山、眉山、资阳、遂宁、达州、自贡、内江、广元、广安、巴中、攀枝花 11 个地区。第四类地区包括雅安、凉山、甘孜、阿坝 4 个地区。要不断发挥第一类地区的带动和示范效应。四川省域经济高质量发展水平极不均衡，成都平原经济区的经济高质量发展水平较高，川南经济区的泸州和宜宾经济高质量发展速度较快，而三州地区的经济高质量发展水平较落后。

（2）四川走出了区域经济高质量发展的"三大经济副中心"的"四川实践模式"，即支持绵阳发挥科技城优势加快建成川北省域经济副中心、支持宜宾—泸州组团建设川南省域经济副中心、支持南充—达州组团培育川东北省域经济副中心。

（3）从预测结果可知，2021—2030 年，未来四川省域经济高质量发展的综合指数为 0.824，是 2012 年的 2.7 倍，经济高质量发展水平整体大幅提升，这无疑是实现中国"现代化强国"之梦的最重要标志。从分维度指数来看，经济高质量发展的经济增长稳定、创新驱动发展、区域协调融合、对外开放深化、生态环境优美、人民生活幸福6个维度的指数及综合指数均相应增长。但经济社会发展的变化会受到国家宏微观政策等一系列因素的影响，各种因素比较复杂，未能考虑全面，这也是预测结果的不足之处。

8 四川省域经济高质量发展的时空特征分析

上一章预测和评价了四川省域经济高质量发展的情况。本章将在此基础上以时间和空间为切入点，运用空间自相关法、变异系数法、核密度估计法，探讨 2012—2020 年四川省域经济高质量发展的时空特征和演变规律，以期为推动区域高质量发展提供决策参考。

8.1 研究方法

8.1.1 全局自相关法

本书用全局自相关法分析区域经济高质量发展水平在研究区域内的空间依赖程度。在学界通常采用全局莫兰指数（Global Moran's I）研究，其表达式如下：

$$I(G) = \frac{\sum\limits_{i=1}^{n} \sum\limits_{j=1}^{n} W_{ij}(X_i - \bar{X})(X_j - \bar{X})}{S^2 \sum\limits_{i=1}^{n} \sum\limits_{j=1}^{n} W_{ij}} \qquad (8-1)$$

其中，$S^2 = \dfrac{1}{n} \sum\limits_{i=1}^{n} (X_i - \bar{X})^2$，$\bar{X} = \dfrac{1}{n} \sum\limits_{i=1}^{n} X_i$。$W_{ij}$ 为空间权重矩阵元素，即若区域 i 与 j 相邻，则 $W_{ij} = 1$，否则 $W_{ij} = 0$。n 为观测市域个数，X_i、X_j 表示观测值。Global Moran's I 指数一般处于 $[-1, 1]$ 范围。当 $I(G) > 0$ 时，研究区域在空间分布上呈正相关性；当 $I(G) < 0$ 时，研究区域在空间分布上呈负相关；当 $I(G) = 0$ 时，不存在空间自相关性。

莫兰指数取值区间为[-1，1]。当指数值I通过显著性Z检验，并且$0 < I \leqslant 1$时，研究样本存在全局正相关关系，且I值越大，相关性越强，相似属性的样本聚集在一起的程度越高；当I值为零时，样本分布j是无关联的随机分布；当$-1 \leqslant I < 0$时则与上述情况相反，即样本之间的相互影响呈负相关关系，I值越大则差异越大。通常莫兰指数值会随着样本"距离"的增加而衰减。Z检验的公式为$Z(I) = \dfrac{I - E(I)}{\sqrt{\mathrm{VAR}(I)}}$。

8.1.2 局部自相关法

本书采用局部自相关法分析区域经济高质量发展水平相互集聚的倾向，同时借助 LISA (Local Indicators of Spatial Association)[①] 和 Local Moran's I 分析局部空间的自相关性。其中 Local Moran'I 指数计算公式为：

$$I(L) = Z_i \sum_{i \neq j}^{n} W'_{ij} Z_j \tag{8-2}$$

其中，$Z_i = \dfrac{X_i - \bar{X}}{S^2}$ 是 X_i 的标准量值，Z_j 是与 i 市域相接邻的标准化值，W'_{ij} 是权重矩阵。$I(L)$ 为局部空间自相关指数，n 为被观测市域个数。将局部自相关显著情况分为四种类型：当 $I(L) > 0$，表示"高-高相关"（High-High）或者"低-低相关"（Low-Low），即高经济高质量发展水平的地区被高值地区所包围，或者低经济高质量发展水平的地区被低值地区所包围；当 $I(L) < 0$，表示"低-高相关"（Low-High）或者"高-低相关"（High-Low），即低经济高质量发展水平的地区被高值地区所包围，或者高经济高质量发展水平的地区被低值地区所包围。其空间自相关要素如表 8-1 所示。在散点图中，出现4种类型的局部空间关系[②]，如下所示。

---

① ANSELIN L. Exploratory spatial data analysis in a geocomputational environment [R]. New York：Wiley, 1998.

② 王学义，曾永明. 中国川西地区人口分布与地形因子的空间分析 [J]. 中国人口科学，2013（3）：85-93.

$$\begin{cases} Z_i > 0, & \sum W'_{ij}Z_j > 0(+,+), \quad \text{第一象限,高-高集聚（H-H）} \\ Z_i < 0, & \sum W'_{ij}Z_j > 0(-,+), \quad \text{第二象限,低-高集聚（L-H）} \\ Z_i < 0, & \sum W'_{ij}Z_j < 0(-,-), \quad \text{第三象限,低-低集聚（L-L）} \\ Z_i > 0, & \sum W'_{ij}Z_j < 0(+,-), \quad \text{第四象限,高-低集聚（H-L）} \end{cases}$$

表 8-1 空间自相关要素表

集聚特征	高-高集聚区	低-低集聚区	低-高集聚区	高-低集聚区
符号	H-H(High-High)	L-L(Low-Low)	L-H(Low-High)	H-L(High-Low)
在散点图中的位置	一象限	三象限	二象限	四象限
相关性判断	空间正相关	空间正相关	空间负相关	空间负相关
空间单元属性关系	同质性	同质性	异质性	异质性
集聚方式	某研究地区与其周边地区的属性值相比较高而形成的集聚	某研究地区与其周边地区的属性值相比较低而形成的集聚	某研究地区属性值与周边地区的属性值相比较低,并且周边地区的属性值较高而形成的集聚	某研究地区属性值与周边地区的属性值相比较高,并且周边地区的属性值较低而形成的集聚

  近几年,采用空间自相关分析法进行研究的文献较多。例如,杜宇、黄成、吴传清[1]构建创新驱动、绿色转型、协同发展、开放发展、质量效益 5 个维度的工业高质量发展评价体系,采用熵权 TOPSIS 分析法研判 2011—2017 年长江经济带工业高质量发展指数的时空演变特征,揭示了驱动机制。孙钰等[2]主要基于京津冀 13 个城市 2009—2018 年的面板数据,运用超效率 SBM 模型和探索性空间数据分析,以时空双维度对各城市生态效率进行测算及空间相关性刻画,并构建了马尔可夫状态转移概率矩阵探

---

  ① 杜宇,黄成,吴传清.长江经济带工业高质量发展指数的时空格局演变 [J]. 经济地理. 2020, 40 (08): 96-103.

  ② 孙钰,梁一灿,齐艳芬,等.京津冀城市群生态效率的时序演进与空间分布特征 [J]. 生态经济, 2021, 37 (12): 74-82.

讨其长期动态转移趋势。翁钢民等[①]以京津冀城市群为研究区域，基于旅游—生态—城镇化耦合机理构建评价指标体系，结合探索性空间数据分析、核密度估计、泰尔指数及分解等方法，测算 2007—2019 年京津冀旅游—生态—城镇化综合发展指数及耦合协调度，并从时空两大角度分析了其演化特征。刘雨婧、唐健雄[②]以新发展理念为核心，结合高质量发展内涵，构建旅游业高质量发展评价指标体系，运用熵权 TOPSIS 模型对 2008—2018 年我国 31 个省份的旅游业高质量发展水平进行测度，结合空间自相关和标准差椭圆方法分析了其时空演化特征。郑涛等[③]利用熵值-综合指数法测算长江三角洲 41 个城市 2003—2018 年弹性建设水平，并利用空间分析法考察其空间分布特征，得出了各城市弹性指数在空间上呈现明显的集聚特征——"高-高"集聚于上海及其周边城市，"低-低"集聚于皖北、苏北地区，而湖州、宣城等市表现出"低-高"集聚特征等结论。

8.1.3 变异系数法

变异系数又称"标准差率"，是衡量资料中各观测值变异程度的另一个统计量。当进行两个或多个资料变异程度的比较时，如果度量单位与平均数相同，可以直接利用标准差来比较。如果单位和（或）平均数不同，比较其变异程度就不能采用标准差，而需采用标准差与平均数的比值（相对值）来比较。本研究采用变异系数法衡量各市州经济高质量发展水平相对差异的统计指标度。通过计算各市州 2012—2020 年的经济高质量发展综合得分的变异系数，对四川经济高质量发展的时序差异演变进行整体把握。计算公式如下：

$$SD_t = \sqrt{\sum_{i=1}^{n} \left(HED_{it} - \overline{HED} \right)^2 / n} \tag{8-3}$$

$$CV = SD / \overline{HED_t} \tag{8-4}$$

以上两式中，SD_t 为第 t 年的标准差；$\overline{HED}$ 为 t 年份各市域经济高质量

① 翁钢民，唐亦博，潘越，等. 京津冀旅游—生态—城镇化耦合协调的时空演进与空间差异 [J]. 经济地理，2021，41（12）：196-204.

② 刘雨婧，唐健雄. 中国旅游业高质量发展水平测度及时空演化特征 [J]. 统计与决策，2022，38（5）：91-96.

③ 郑涛，孙斌栋，王艺晓. 区域一体化视角下的弹性城市评价：以长江三角洲地区为例 [J]. 地理科学，2022（6）：11-21.

发展水平的均值；n 为市域个数；HED_{it} 为第 t 年第 i 市域经济高质量发展水平的综合指数；CV 为变异系数。

近几年，采用变异系数法进行研究的文献较多。例如，林超辉等[①]通过在科技成果转化绩效评价研究中引入"发展性"概念，突出前期人力、资本等因素在提升科技成果转化质量评价方面的作用，构建高校科技成果转化发展性绩效评价指标体系，利用变异系数法确定指标权重，并基于所选取的指标采用多准则 VIKOR 法对样本高校进行综合排序，提出对地方高校科技成果转化绩效科学合理的评价方法。耿松涛、杨晶晶、严荣[②]以海南省 18 个市县为空间样本，基于定向政策矩阵构建区域会展业发展评价指标体系，运用层次分析法和变异系数法确定指标综合权重，并对海南省 18 个市县会展业的发展水平进行评价。陈玲、段尧清、钱文海[③]基于浏览、下载、评分 3 个维度构建政府开放数据利用行为的理论评价体系，采用变异系数法进行研究指标与耦合要素的权重计算；通过功效函数、耦合度函数、耦合协调度函数，实证分析我国各平台政府开放数据浏览行为、下载行为、评分行为等不同利用行为之间的耦合协调水平。刘笑男、李博[④]采用了统计分析、聚类分析、因素回归分析等多种分析方法对中国 25 个主要城市国家信息中心的相关数据进行评价分析，得出国家信息中心指数的总体值偏低、变异系数偏高、等级分化程度总体上呈现出下降态势等结论。乌兰等[⑤]以内蒙古自治区乌兰察布市凉城县为研究区域，运用变异系数法、综合指标法等方法分析县域资源环境承载力状况，并引入耦合协调度模型分析资源环境承载力 3 个子系统之间耦合协调性，探究凉城县资源环境本底情况。

---

① 林超辉，杨坚伟，陈辉，等. 地方高校科技成果转化发展性绩效评价研究：基于变异系数法与 VIKOR 法对 12 所高校的分析 [J]. 中国高校科技，2020（8）：86-89.

② 耿松涛，杨晶晶，严荣. 自贸区（港）建设背景下海南会展业发展评价及政策选择 [J]. 经济地理，2020，40（11）：140-148.

③ 陈玲，段尧清，钱文海. 基于变异系数法的政府开放数据利用行为耦合协调性研究 [J]. 信息资源管理学报，2021，11（2）：109-118.

④ 刘笑男，李博. 国家信息中心城市的测度评价及比较分析 [J]. 河南社会科学，2021，29（11）：84-93.

⑤ 乌兰，吴全，敖登高娃，等. 凉城县国土空间资源环境承载力评价研究 [J]. 干旱区资源与环境，2022，36（7）：100-107.

8.1.4 核密度估计法

核密度估计（Kernel Density Estimation，KDE）是在概率论中用来估计未知的密度函数，属于非参数估计方法。核密度估计法最早由美国学者 Rosenblatt[1] 和 Parzen[2] 提出，它能够很好地解决不光滑的问题，可以通过数据的概率分布掌握其演变趋势等情况。该方法具有通过波峰高低和宽度较为直观、形象地揭示随机变量的分布位置、形态和延展性等方面信息的诸多优点[3]。核密度函数一般为偶函数，且概率密度积分为1。核密度估计的形式为：

$$f_h(x) = \frac{1}{nh} \sum_{i=1}^{n} K(\frac{x_i - x}{h}) \tag{8-5}$$

其中 n 代表样本数据的个数，平滑参数 $h > 0$，代表带宽（bandwidth），带宽数值的选择应该遵循均方误差最小的原则，h 的选取对估计量的影响较大。$K(\cdot)$ 为核函数(kernal function)，核函数的形状和值域控制着用来估计 $f(x)$ 在点 x 的值时所用数据点的个数和利用的程度。x_i 代表独立分布的观测值，x 为观测值的平均数。常用的核函数有三角（Triangle）、伊番科尼可夫（Epanechnikov）、三权（Triweight）、高斯（Gauss）、余弦（Cosinus）等形式。本书采用高斯核函数，其表达式如下：

$$K(x) = \exp(-\frac{x^2}{2h^2}) \tag{8-6}$$

近年来采用核密度估计法进行社会经济发展研究的学者较多。例如，杨晓军、许嘉俊[4]利用 2003—2016 年中国城市雾霾浓度面板数据，使用核密度估计法和 Dagum 基尼系数测度城市雾霾污染的分布动态与区域差异，得出了东部和中部城市的雾霾浓度较高、西部和东北部城市的雾霾浓度相

---

① ROSENBLATT M. Remarks on some nonparametric estimates of a density function [J]. Annals of mathematical statistics, 1956, 27 (3): 832-837.

② PARZEN E. On estimation of a probability density function and mode [J]. Annals of mathematical statistics, 1962, 33 (3): 1065-1076.

③ 王晶晶，焦勇，江三良. 中国八大综合经济区技术进步方向的区域差异与动态演进：1978—2017 [J]. 数量经济技术经济研究，2021，38 (4): 3-21.

④ 杨晓军，许嘉俊. 中国城市雾霾污染的区域差异与收敛性分析 [J]. 城市问题，2020 (12): 34-45.

对较低的结论。万斯斯等[①]采用 DEA 模型测算 2010—2019 年河南省 18 个城市生态效率,借助核密度估计等方式探索其时空演变规律,利用线性回归方法识别驱动生态效率的影响因素。杨桐彬、朱英明、姚启峰[②]基于 GMM-SL-SAR-RE 函数分析法测算经济韧性,采用 Dagum 基尼系数、核密度估计法和空间收敛模型研究经济韧性的城市群空间格局。

8.2 四川省域经济高质量发展的时序特征分析

8.2.1 整体指数变化分析

本书以 2012 年、2020 年的数据为研究基点。根据综合测度结果,绘制图 8-1。图 8-1 显示了 2012—2020 年四川省域经济高质量发展水平综合得分的变化趋势。其综合得分从 2012 年的 0.302 增加到 2020 年的 0.519,2020 年是 2012 年的 1.7 倍,年均增长 32%,表明在研究期内四川省经济高质量发展的成效斐然。其原因是:四川省坚定践行习近平新时代中国特色社会主义思想,全面落实党中央、国务院各项决策部署,积极应对新冠疫情严重冲击等风险挑战;坚定不移贯彻新发展理念,坚持稳中求进的工作总基调,以推动高质量发展为主题,以深化供给侧结构性改革为主线,以改革创新为根本动力,以满足人民日益增长的美好生活需要为根本目的,加快推动成渝地区双城经济圈建设,深入实施"一干多支、五区协同""四向拓展、全域开放"战略部署。

可以看出,2012—2020 年四川省域经济高质量发展的时序变化呈现以下特点。

一是经济实力迈上新台阶。全省经济总量连跨两个万亿元台阶,达到 5.38 万亿元,地方一般公共预算收入年均增长 8.6%。工业"5+1"、服务业"4+6"、农业"10+3"现代产业体系基本形成。

---

① 万斯斯,李世杰,张明空,等. 河南省域城市生态效率时空演变及影响因素 [J]. 地域研究与开发,2021,40 (6):51-56.

② 杨桐彬,朱英明,姚启峰. 中国城市群经济韧性的地区差异、分布动态与空间收敛 [J]. 统计与信息论坛,2022,37 (7):45-60.

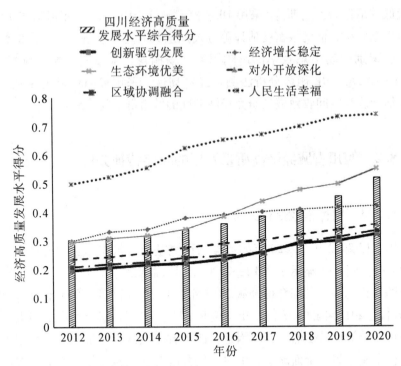

图例：
- 四川经济高质量发展水平综合得分
- 创新驱动发展
- 经济增长稳定
- 生态环境优美
- 对外开放深化
- 区域协调融合
- 人民生活幸福

图 8-1　2012—2020 年四川省经济高质量发展水平的评价值及各评价维度变化趋势

二是城乡区域发展更加协调。城乡融合发展步伐加快，县域经济基础不断夯实。深入实施国家区域协调发展战略，出台《四川省建立更加有效的区域协调发展新机制实施方案》。成渝地区双城经济圈建设开局良好，"一干多支"发展战略深入实施，新型城镇化水平持续提升，乡村振兴扎实推进，县域经济竞相发展，转向更加注重促进四川经济的生态和经济相协调的发展模式，更加注重绿色发展。

三是主要领域"四梁八柱"性改革进展顺利，供给侧结构性改革纵深拓展，要素市场化配置改革有力推进。创新引领发展能力持续增强，创新资源加快集聚，科技成果加速转化。

四是加快现代综合交通等基础设施建设，推进以高铁为重点的交通基础设施建设，"四向拓展、全域开放"新态势加快形成。

五是民生福祉稳步增进，人民生活水平实现新跨越。民生基础设施抓紧落地，切实保障和改善民生，人民生活质量不断提升，新冠疫情防控取得重大成果。另外文化强省、旅游强省建设融合推进，文化产业和文化事业持续繁荣发展。这些政策的实施极大地推动四川经济高质量发展，四川在全国大局中的战略位势不断提升。

8.2.2 分维度指数变化情况

四川省域经济高质量发展的 6 个分维度指数变化情况如图 8-1 所示。

第一，人民生活幸福维度的得分最高，从 2012 年的 0.511 上升到 2020 年的 0.763。研究期内四川大力践行以人民为中心的发展思想，陆续颁布了许多增强人民获得感、幸福感的政策措施，决战决胜脱贫攻坚，有力促进了四川省域人民生活质量不断提升。其中原因主要有以下几点：①城乡消费差距持续缩小，居民消费结构不断升级和优化，其中自有住房服务等居民消费总支出的比重呈现逐年增加的趋势。恩格尔系数是衡量家庭生活水平的重要指标，由于受新冠疫情的影响，2020 年的恩格尔系数有所上升，2015—2019 年的四川省恩格尔系数都在逐年下降。②就业渠道畅通。如图 8-2 所示，近年来四川深入实施就业优先政策，千方百计增加就业，使得城镇登记失业率始终控制在 4% 以内。但是由于新冠疫情的影响，2020 年后，全社会就业率普遍下降。未来要进一步挖掘数字经济的潜力，大力推行灵活用工。鼓励数字经济的发展，创造更多的新就业岗位，同时高度重视大学生和农民工群体的就业问题，鼓励大学生到基层、边远山区就业。2022 年 4 月，国家出台《进一步稳定和扩大就业十五条政策措施》，为扎实做好 2022 年稳定和扩大就业工作、尽最大努力减少疫情对就业的影响、促进经济健康可持续发展提供了坚实支撑。③教育发展成效显著。坚定不移实施"科教兴川"和"人才强省"战略，始终把教育摆在优先发展的战略位置，不断开启教育强省新征程。"十三五"时期，四川省学前教育毛入园率为 90.93%，九年义务教育巩固率为 95.86%，高中阶段教育毛入学率为 93.1%，高等教育毛入学率为 51.9%①。建档立卡贫困学生失学辍学问题得到解决，全省整体实现县域义务教育基本均衡发展。教育服务贡献能力显著增强。教育体制机制逐步完善。④大力倡导健康生活方式，医疗改革深入推进。健康四川行动深入实施，持续为城乡居民免费提供国家基本公共卫生服务，重大疾病防治取得新成效，健康产业发展迈出新步伐，卫生健康治理效能达到新水平，四川人均寿命不断上升。总体而言，四川让改革开放的红利更多更公平惠及全体人民，坚持在发展中保障和改

---

① 四川省"十四五"教育发展规划。

善民生，意味着人民的获得感、幸福感、安全感更加充实、更有保障、更可持续。

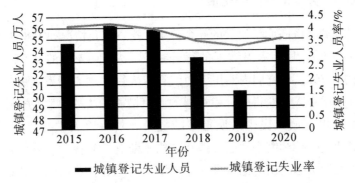

图 8-2 四川省 2015—2020 年城镇登记失业人员及失业率情况

（资料来源：根据四川统计局官网数据整理）

第二，生态文明持续改善，整体生态环境优美维度得分排名第二，从 2012 年的 0.298 增加到 2016 年的 0.392，再到 2020 年的 0.566，表明研究样本前期粗放型发展对环境产生的压力过大，后期则大力践行"绿水青山就是金山银山"理念，绿色经济正成为四川省域经济高质量发展的核心价值依托。随着中国特色社会主义进入新时代，我国经济发展也进入了新时代，党的十八大把生态文明建设纳入中国特色社会主义事业五位一体总体布局，推进生态文明建设，才能保持经济持续健康发展。①着力构建环境保护大格局，生态文明理念深入人心。自党的十八大以来，四川省一直坚持"绿水青山就是金山银山""人与自然环境和谐共生"的绿色发展理念，越来越多的社会各界人士致力于以可持续发展为目标的资源节约型、环境友好型社会建设。②坚决打好污染防治攻坚战，大力推进大气、水、土壤污染等的治理。近年来，四川省工业污染治理投资支出呈上升趋势，2020 年接近 250 000 万元（见图 8-3）。四川省的森林覆盖率也呈逐年上升趋势，2020 年接近 40%（见图 8-4）。"十三五"期间，全省累计对 1 218 家企业落后产能实施退出，全省森林覆盖率由 36% 提升至 40%。建立"绿水青山就是金山银山"实践创新基地 3 个。2020 年，21 个市（州）城市达标数量由 2015 年的 5 个增加到 14 个；全省地表水省控及以上断面水质优良比例为 94.5%；全省危险废物利用处置能力达到 366 万吨/年①。③生态

---

① 四川省"十四五"生态环境保护规划。

文明制度建设不断加强。省委、省政府坚持把生态文明建设和生态环境保护摆在全局工作的突出位置。制定出台《土壤污染防治行动计划四川省工作方案》等系列政策文件，出台《四川省打赢蓝天保卫战实施方案》等一系列政策文件，出台《四川省加快推进生态文明建设实施方案》等19个改革方案。④生态环保督察全面推进。环境监管能力水平快速提升，在全国率先实现省级环保督察和"回头看"全覆盖，扎实推动督察发现问题整改。"十三五"期间累计开展执法检查约11万家次，建立环境风险预警防控体系。总体而言，四川省实施绿色全川行动，生态安全格局加快构建，美丽四川建设取得明显成就，努力将四川建成美丽中国先行区、长江黄河上游生态安全高地、绿色低碳经济发展实验区。

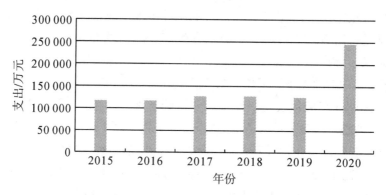

图 8-3 四川省 2015—2020 年工业污染治理投资支出情况

（资料来源：根据历年《四川统计年鉴》整理）

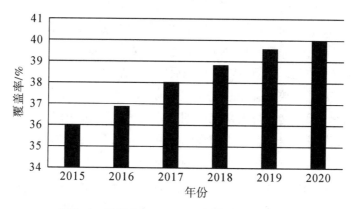

图 8-4 四川省 2015—2020 年森林覆盖率情况

（资料来源：根据历年《四川统计年鉴》整理）

第三，经济增长稳定维度得分在波动中稍微有升，从 2012 年的 0.296 增加到 2020 年的 0.430，反映出四川省坚持稳中求进工作总基调，始终将"稳增长"作为经济发展首要目标，让经济波动保持在合理区间，但后疫情时代要尽最大努力减少对经济平稳发展的影响。目前我国呈现出"低增长、低波动"的常态。从全国范围来看，从 2012 年宏观经济增长率开始出现明显下降趋势，劳动力供给增长放缓。结合四川省情来看，积极扩大有效投资，促进全省经济平稳运行，服务稳中求进工作全局，集中财力办大事。经济增长稳定的原因可能有：①稳投资。稳投资是稳增长的"牛鼻子"。近年来，四川省积极扩大有效投资，适度超前开展基础设施投资，持续发挥投资对经济稳定增长的关键作用，积极应对疫情冲击，稳增长政策加快落地，扎实推动规划重大工程项目实施，深入开展"营商环境提升"活动，增强投资信心。②稳粮食生产。把保障粮食安全放在突出位置，确保粮食产量稳定在 710 亿斤（1 斤＝500 克，下同）以上，落实"长牙齿"的耕地保护硬措施，加强高标准农田建设，提高土地产出，对丘陵山区进行宜机化改造，改善农业基础条件。③稳工业。2022 年出台《关于工业稳增长促发展的若干措施》，聚焦企业稳产增产、重点行业和领域稳定增长、制造业投资等方面，促进制造业投资增长，稳定拓展"四川造"市场空间，提升制造业核心竞争力，加速制造业转型升级，支持中小微企业稳定发展。④稳市场主体。全力以赴稳住经济基本盘，保持全省经济运行在合理区间。不折不扣落实减税降费政策，落实鼓励类外资项目减免关税，出台推进民营企业数字化转型的实施意见、民营企业绿色低碳发展的指导意见，推动民营经济高质量发展。由此可见，为保持四川宏观经济的稳步增长，并促进其在合理区域内正常运行，积极扩大内需，确保经济不出现较大波动，是新冠疫情控制后的一项艰巨任务。

第四，对外开放深化维度得分稳步提升，从 2012 年的 0.235 增加到 2020 年的 0.362。这反映出研究期四川省域以"一带一路"建设为重点，全面深化对外开放合作，着力建设陆海互济、综合立体的国际大通道，构建内陆国际门户枢纽，推进高水平制度型开放，打造对外开放新前沿，加快形成"四向拓展、全域开放"立体全面开放新态势。结合现实来看，可能的原因有：①四川是中国改革开放的策源地和先行省份之一。近年来四川省全面打造内陆开放型经济高地，坚定实施全面开放合作战略，尤其在省委十一届三次全会召开后，四川持续不断紧抓"一带一路"建设、长江经济带发展、西部陆海新通道建设等重大历史发展机遇，大力实施全面开放合作战略，推动形成了"四向拓展、全域开放"立体全面开放新态势，不断夯实对外开放平台载体，着力提升对外开放保障服务水平。②四川省紧紧围绕"一带一路"建设，不断释放的市场需求为扩大进口提供了有力支撑，先后印发了《推进自贸试验区引领性工程建设的指导意见》《中国（四川）自由贸易试验区条例》《中国（四川）自由贸易试验区协同改革先行区建设实施方案》，自贸区的"单一窗口"建设稳步推进，高水平开放平台带动作用明显。③积极发展开放型经济，建设开放型现代产业体系，促进外资稳定增长，推动外贸提质增效，推动"走出去"健康发展。积极参与"一带一路"建设，拓展对外交流合作，深化与港澳台合作，支持成都建设国际门户枢纽城市，推动四川省向更高层次的开放性经济水平迈进。

第五，区域协调融合维度得分增长比较缓慢，从2012年的0.208增加到2020年的0.339，总体存在协调发展不足等问题。这反映出研究期四川省委十一届三次全会提出的"一干多支、五区协同"发展战略符合四川实际。可能的原因有：①建立健全全面融入国家重大区域战略机制。以融入全国高速铁路网络为重点，加快建设"四向八廊"战略大通道。主动融入"一带一路"建设、长江经济带发展、对接京津冀协同发展、对接粤港澳大湾区建设。②完善区域发展统筹机制。强化区域发展战略统筹，完善经济区、城市群一体化体制机制，推动成德眉资同城化和内自同城化发展，出台《深化南向开放合作三年行动计划》等文件，从顶层设计上明确南向开放的目标和路径。③健全市场一体化发展机制。实施统一的市场准入负面清单制度，支持一批经济功能区建设协同改革先行区。探索区域同城化的户籍管理配套保障措施。

第六，创新驱动发展维度得分上升趋势明显，但整体处于较低水平，从2012年的0.195增加到2020年的0.326。结合现实来看，四川正深化新一轮全面创新改革试验，大力推动科教兴川和人才强省，塑造更多依靠创新驱动、更多发挥先发优势的引领型发展。①加快建成国家创新驱动发展先行省。坚持创新驱动发展战略，充分利用国际国内创新协作资源，完善科技创新体制机制，把成渝地区双城经济圈建设作为推动四川现代化建设的战略引领，强化协同创新，加强战略协同、规划联动、政策对接。②大力推动"一干多支、五区协同"，增强成都创新主干和极核功能，提升各类战略平台综合承载能力，加快建设全国重要的创新策源地和具有国际影响力的创新型城市。③加快打造高能级创新平台。以成都科学城为主阵地高起点建设综合性科学中心，四川省有 1 800 余个产业创新平台，但整体层级不高。为此，应打造高能级创新平台，重点布局战略科技平台，聚焦打造产业创新平台，加快培育功能服务平台，加快打造一批重大科技基础设施集群，着力提升基础研究水平和原始创新能力，积极培育建设天府综合性国家科学中心。④坚持促进创新链产业链深度融合，加快构建龙头企业牵头、高校和科研院所支撑、各创新主体相互协同的创新联合体，实现从分散式创新向系统性创新的转变。⑤坚持以营造创新创造良好环境为支撑，强化财税支持和政策精准供给，促进创新要素自主有序流动和高效配置，加强知识产权全链条保护，主动融入全球创新网络，建设"一带一路"科技创新合作区和国际技术转移中心。另外，四川省委也先后出台了《"十三五"科技创新规划》《关于进一步支持科技创新的若干政策的通知》等文件，有力促进了四川省 R&D 经费支出等创新投入持续快速增长。但是四川省创新驱动发展能力与发达的沿海省份的差距较大，知识产权保护不力，科技人员薪酬体系不健全，实体经济没有抓住质量创新，创新激励动力不足等问题依然制约着四川省创新驱动发展。因此，进一步增强四川省自主创新能力，缩短区域间的技术创新差异，不断健全自主创新体系亦是刻不容缓，以期为创新型国家建设提供"四川途径"。

总体而言，四川经济高质量发展整体情况较好，对人民生活水平提升的奉献较明显；经济增长稳定、对外开放深化、区域协调融合的提升空间较大，当然难度也较大；创新驱动发展整体处于较低水平，其作为促进经济高质量发展的主导力量之一的作用日益增强。

8.2.3 各市域综合得分分析

从各市域的视角看，可以发现，2020 年四川各市域经济高质量发展水平综合得分从高到低分别为成都市、绵阳市、南充市、德阳市、宜宾市、泸州市、乐山市、遂宁市、资阳市、眉山市、内江市、巴中市、自贡市、攀枝花市、广元市、广安市、达州市、雅安市、甘孜州、凉山州、阿坝州（见图 8-5）。一是四川省各级认真领会习近平新时代中国特色社会主义思想"四川篇"丰富内涵，始终坚持发展才是硬道理的战略思想，高质量发展的各项工作不断推进，各市域经济高质量发展水平均有明显提升，特别是开放型经济市场主体实力明显增强，但是不同市域存在明显差异。例如，成都市的经济高质量发展水平综合得分从 2012 年的 0.607 增加到 2020 年的 0.841，增加了约 38.6%；甘孜州的经济高质量发展水平综合得分从 2012 年的 0.295 增加到 2020 年的 0.442。二是各市域的经济高质量发展水平增长轨迹比较吻合。例如，成都市、绵阳市的经济高质量发展水平排名一直靠前，而三州地区一直排名靠后。三是各市州经济高质量发展水平不平衡。整体而言，经济水平高、人才集聚优势和交通优势显著的成都平原经济区综合得分较高，而经济环境较差、地理条件相对恶劣、人才集聚度较低的三州地区经济高质量发展综合得分较低，这在一定程度上表明自然地理环境是影响四川经济高质量发展水平提升的重要因素。

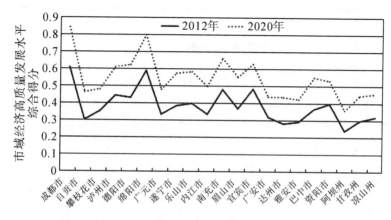

图 8-5　2012—2020 年四川省各市域经济高质量发展水平测评结果

8.2.4　整体指数的波动趋势分析

通过变异系数法公式计算，四川区域经济高质量发展水平综合指数的极差从 2012 年的 0.624 下降到 2020 年的 0.613，反映了四川区域经济高质量发展水平的差距呈逐渐缩小的趋势。年均值从 0.372 上升到 0.389，表明四川区域经济高质量发展水平正在逐步提高。为了进一步掌握四川各市域经济高质量发展的波动情况，我们计算 2012—2020 年四川各市域经济高质量发展水平综合指数得分的变异系数。从表 8-2 可以看出，乐山、眉山、资阳、遂宁、雅安、自贡、内江、广元、南充、广安、巴中、攀枝花、凉山、甘孜、阿坝 15 个市域的经济高质量发展水平指数综合得分的变异系数都在 0.24 以下，表明这些市域的经济高质量发展水平较为稳定。成

都、绵阳、德阳的变异系数最低，说明这些市域的经济高质量发展水平最
稳定。另外泸州、宜宾、达州的经济高质量发展水平波动最大，表明这些
市域的经济高质量发展水平的稳定性有待提高。因此，经济高质量发展市
域差异现象存在，抑制市域差异任重道远。

表 8-2　各市域经济高质量发展水平综合指数得分变异系数

变异系数范围区间	个数	市州名称
CV>0.24	3	泸州、宜宾、达州
0.15≤CV≤0.24	15	乐山、眉山、资阳、遂宁、雅安、自贡、内江、广元、南充、广安、巴中、攀枝花、凉山、甘孜、阿坝
CV<0.15	3	成都、绵阳、德阳

8.2.5　基于核密度估计的指数分布

为了更加直观地观测四川省域经济高质量发展的综合指数在 2012—
2020 年间的变化趋势和整体特征，本研究基于高斯核函数对四川省域经济
高质量发展综合指数进行核密度估计并借助 Eviews 8.0 软件绘制图 8-6。

从图 8-6 核密度曲线分布和变迁趋势来看，四川省在推进经济高质量
发展进程中主要呈现出以下特征：①经济高质量发展综合指数由"两极分
化"向高值区间的"单极化"聚集过渡，低值区间分布密度明显降低。从
核密度曲线整体来看，中心线呈逐年向右的趋势，表明四川省经济高质量
向上发展的趋势日益明显。从波峰数量和形态来看，2012—2016 年间呈现
出明显的双峰状态，表明在此阶段全省两极分化和发展不平衡问题明显。
在 2018—2020 年间，位于低分值区的侧峰坡度逐渐平缓，出现了双峰向单
峰过渡的趋势，表明在这几年经济高质量发展均取得了巨大成效。②全省
经济高质量发展成效逐年稳步提升，区域总体差距有所缩小。整体来看，
波峰逐年向右移动，且波形变化和右移呈现出梯队推进的态势，这主要归
功于以人民为中心政策的稳定性和前瞻性。从波峰高度变化来看，主峰峰
值在 2016—2020 年逐年下降，并表现出全省经济高质量发展的成效由逐年
离散到最终收敛于高水平区间的动态时序特征。从波峰宽度和延展情况来
看，各地差距较大的问题有所缓解。③全省经济高质量发展迅速，"低水
平俱乐部"极化格局逐渐弱化但区域发展差距逐年拉大。从波的宽度和延
展区间来看，密度分布趋于分散化和合理化，波峰和曲线中心同样呈现出

逐年向右移动的态势，区间宽度逐年增大，说明各市州分异程度加大。曲线两端的密度分布极低，表明部分市州在经济高质量发展中做到了"走在前列"，但同时尾部仍然存在个别发展困难的市州。

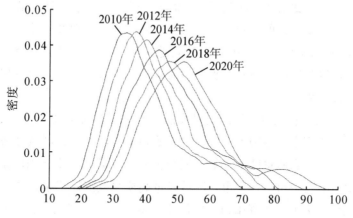

图 8-6　四川省域经济高质量发展综合指数的核密度估计

8.3　四川省域经济高质量发展的空间特征分析

8.3.1　各市域总体空间差异分析

为了更好分析四川省各市域经济高质量发展程度的差异情况，本节将对四川省 21 个市州的经济高质量发展水平进行对比分析。我们选取 2012 年、2020 年为研究点，采用空间四分位图法，并利用软件 ArcGIS 9.3 进行几何间隔分级，将四川省域经济高质量发展水平分为 4 个等级，即高质量区、较高质量区、中质量区、低质量区。可以发现，四川各市域经济高质量发展的五大经济区空间差异明显①，表现出以成都平原经济区为核心向外辐射的梯度发展趋势。

2012 年四川省区域经济高质量发展水平呈现高质量区等级的市域包括成都市和绵阳市，所占比重为 9.52%；区域经济高质量发展水平。呈现较

---

①　五大经济区，即成都平原经济区（包括成都、德阳、绵阳、乐山、眉山、资阳、遂宁、雅安）、川南经济区（包括自贡、泸州、内江、宜宾）、川东北经济区（包括广元、南充、广安、达州和巴中）、攀西经济区（包括攀枝花和凉山）以及川西北生态经济区（包括甘孜和阿坝）。

高质量等级的市域包括宜宾市、南充市、泸州市、德阳市，占比为19.05%；区域经济高质量发展水平呈现中质量区等级的市域包括9个，即乐山市、资阳市、遂宁市、达州市、眉山市、巴中市、攀枝花市、内江市、广元市，占比为42.86%。区域经济高质量发展水平呈现低质量区等级的市域包括6个，即自贡市、广安市、雅安市、甘孜州、凉山州、阿坝州，占比为28.57%；其原因可能是其地理环境恶劣、发展资金不足、人才集聚度低以及地区经济发展水平相对落后，导致经济高质量发展水平增长呈现较慢态势。

2020年四川省区域经济高质量发展水平呈现高质量区等级的市域为5个，分别为成都市、绵阳市、宜宾市、德阳市、泸州市；区域经济高质量发展水平呈现较高质量区等级的市域包括6个，即南充市、乐山市、遂宁市、眉山市、巴中市、达州市；区域经济高质量发展水平呈现中质量区等级的市域包括7个，即资阳市、内江市、攀枝花市、广元市、雅安市、自贡市、广安市；区域经济高质量发展水平呈现低质量区等级的市域包括3个，即甘孜州、凉山州、阿坝州。

具体如表8-3所示。

表8-3　四川经济高质量发展水平的空间分异表

类别	高质量区	较高质量区	中质量区	低质量区
2012年	成都市、绵阳市	宜宾市、南充市、泸州市、德阳市	乐山市、资阳市、遂宁市、达州市、眉山市、巴中市、攀枝花市、内江市、广元市	自贡市、广安市、雅安市、甘孜州、凉山州、阿坝州
2020年	成都市、绵阳市、宜宾市、德阳市、泸州市	南充市、乐山市、遂宁市、眉山市、巴中市、达州市	资阳市、内江市、攀枝花市、广元市、雅安市、自贡市、广安市	甘孜州、凉山州、阿坝州

通过对2012年、2020年四川省域经济高质量发展的空间分异图进一步分析可知，四川确实走出了区域经济高质量发展的"三大经济副中心"的"四川实践模式"，即支持绵阳发挥科技城优势加快建成川北省域经济副中心、支持宜宾—泸州组团建设川南省域经济副中心、支持南充—达州组团培育川东北省域经济副中心，即川北省域经济副中心、川南省域经济

副中心、川东北省域经济副中心。四川的省域经济副中心，是在四川过去提出的"一干多支"的基础上的一个升级。

高质量区和较高质量区的市域数量在增加，分别由2012年的2个和4个增加到2020年的5个和6个；而中质量区和低质量区的市域数量在减少，分别由2012年的9个和6个下降到2020年的7个和3个。

区域经济高质量发展水平高质量区的市域一直是成都市和绵阳市。究其原因，成都市是国家中心城市，地理位置得天独厚，人口稠密，旅游资源丰富；成都还有两个交通便利的国际化大型机场，铁路横贯欧亚，长江航运连接各省市，高速公路纵贯全省。绵阳市是科技之城，中国工程物理研究院、中国空气动力研究院发展中心各种研究院就有18家，有国家级重点实验室29个、高等院校14所，这些国家级科技核心都放在了绵阳，论科技成果，绵阳在全国地级市排名第一位。可以说，成都和绵阳这两个重要城市都处于成渝地区双城经济圈的核心位置，其地区区位优势明显，人才集聚程度较高，经济实力雄厚。

各市域经济高质量发展水平上升势头较明显，11个市域分别上升一个等级。其中，宜宾市、德阳市、泸州市3市域从2012年的较高质量区上升到2020年高质量区；乐山市、遂宁市、眉山市、巴中市、达州市5市域从2012年的中质量区上升到2020年的较高质量区；自贡市、广安市、雅安市3个市域从2012年的低质量区上升到2020年的中质量区。

质量区保持相对稳定的市域有9个，占比为43%。其中，南充市一直保持在较高质量区；资阳市、内江市、攀枝花市、广元市4个市域一直位于中质量区；甘孜州、凉山州、阿坝州3个市域一直位于低质量区。

总体而言，经济高质量发展的空间分异明显，表现出以成都平原经济区为核心向外辐射的梯度发展趋势。这在一定程度上是各类资源禀赋、区域发展政策差异及其变动共同作用的结果。

8.3.2 全局自相关分析

本研究利用全局自相关分析四川省各市州经济高质量发展的空间集聚特征。采用2012—2020年全局莫兰指数（Global Moran's I）样本数据分析四川经济高质量发展水平的空间自相关特征，探讨在空间上是否存在显著的集聚性。利用公式7-22并借助软件ArcGIS 9.3的空间分析模块测算出G全局英兰指数，然后对其进行显著性检验，得出对应的Z-Score值和P

值（见表 8-4）。可以看出，2012—2020 年四川省域经济高质量发展全局空间自相关性呈现阶段变化趋势。2012—2013 年全局莫兰指数的 Z 统计量都大于 1.96，表明四川省域经济高质量发展存在显著的正向空间依赖性，表现出显著的正相关关系，呈现集聚分布格局特征。2014—2015 年全局莫兰指数的 Z 统计量值均小于 1.96，表明不同市域间经济高质量发展不存在相关性，呈现出随机分布的特征。2016—2020 年，莫兰指数的 Z 统计量绝对值都大于 1.96，显著性强且为正值，表明经济高质量发展水平较高的市域和较低的市域在空间上各自集聚，彼此连成一片，即具有"扎堆集聚"的趋势；还表明在新时代背景下近 10 年来四川各市域经济高质量发展水平空间差异是逐渐趋于收敛的。

表 8-4 2012—2020 年四川省域经济高质量发展的全局自相关检验结果

年份	2012	2013	2014	2015	2016	2017	2018	2019	2020
Moran's I	0.177	0.149	0.054	0.083	0.284	0.303	0.325	0.336	0.353
Z-Score	2.033	1.995	0.909	0.250	2.684	2.693 7	2.713	2.906	2.213
相关性	正相关	正相关	无自相关	无自相关	正相关	正相关	正相关	正相关	正相关
空间分布	集聚	集聚	随机	随机	集聚	集聚	集聚	集聚	集聚

8.3.3 局部自相关分析

为进一步揭示被研究市域的空间异质性，需采用局部自相关的空间关联局域指标（LISA）来反映区域经济高质量发展的局部分布特征。因为全局分析只能描述四川区域经济高质量发展总体的空间关联性，不能反映具体地区间局部的空间集聚程度和变化趋势，所以进一步使用软件 ArcGIS 9.3 从局部分析相邻地区经济高质量发展水平的联系情况，得到 2012 年和 2020 年在 0.05 置信水平下 LISA 集聚图和集聚表（见表 8-5），表征各市域之间经济高质量发展水平的空间相关性或异质性。由此，某个中心区域与其他相邻区域之间的相对关系和集聚特征被明确，即：位于第一象限的区域为高-高集聚区（H-H），代表经济发展方式转变水平的扩散效应区；位于第三象限的区域为低-低集聚区（L-L），代表经济高质量发展水平的低速增长区。这两种集聚模式分别表示某研究市域与其周边市域相比有较高或较低程度的集聚效应，表明存在较强的空间正相关，其空间同质性突出。位于第二象限的区域为低-高集聚区（L-H），代表经济高质量发展水平的过渡区；位于第四象限的区域为高-低集聚区（H-L），代表经济高质量发展水平的极化效应区。这两种集聚模式分别表示某研究市域与其周边市域相比较低或较高，并且周边市域属性值较高或较低，表明存在较强的空间负相关，其空间异质性突出。

表 8-5   四川经济高质量发展水平的 LISA 集聚表

聚类名称	H-H	H-L	L-H	L-L
2012 年	成都、德阳、绵阳	泸州、攀枝花、眉山、资阳	遂宁、达州、南充、内江、自贡、广安、乐山、宜宾、广元	凉山、甘孜、阿坝、雅安、巴中
2020 年	成都、德阳、绵阳	泸州、宜宾、达州、攀枝花、南充	雅安、眉山、遂宁、广元、巴中、乐山、广安、内江、自贡、资阳	凉山、甘孜、阿坝

我们还可以看到如下事实：

2012 年区域经济高质量发展水平的集聚模式属于高-高（H-H）集聚区的市域包括成都、德阳、绵阳，占比约为 14.3%。这可能得益于优越的自然条件，便捷的交通，以及长期积累的人才、技术、声誉等基础条件。这些地区属于扩散效应区，即区域经济高质量发展水平较高的市域被其他发展水平较高的市域所包围。集聚模式属于高-低（H-L）集聚区的市域包括泸州、攀枝花、眉山、资阳，占比约为 19.0%。这些地区属于极化效应区，即区域经济高质量发展水平较高的市域被其他发展水平较低的市域所包围，反映了较高发展水平的地区对周边低水平地区的辐射带动作用不明显。集聚模式属于低-高（L-H）集聚区的市域包括遂宁、达州、南充、内江、自贡、广安、乐山、宜宾、广元，占比约为 42.9%。这些地区属于过渡区，即区域经济高质量发展水平较低的市域被其他发展水平较高的市域所包围。集聚模式属于低-低（L-L）集聚区的市域包括凉山、甘孜、阿坝、雅安、巴中，占比约为 23.8%。这些地区属于低速增长区，即区域经济高质量发展水平较低的市域被其他发展水平较低的市域所包围。

2020 年区域经济高质量发展水平的集聚模式属于高-高（H-H）集聚区的市域包括成都、德阳、绵阳，约 14.3% 的市州位于 H-H 集聚区，市州个数没有发生变化，经济高质量发展的空间溢出效应明显。集聚模式属于高-低（H-L）集聚区的市域主要包括泸州、宜宾、达州、攀枝花、南充，市州个数较 2012 年增加了一个。其中宜宾市没有通过显著性水平检验，虽然市域的经济高质量发展水平较高，并未对邻近市域的经济高质量发展产生带动作用。集聚模式属于低-高（L-H）集聚区的市域包括雅安、眉山、遂宁、广元、巴中、乐山、广安、内江、自贡、资阳，较 2012 年增加了 1 个市域，其中眉山通过显著性检验，表明其对经济高质量发展水平较低市域的影响较大。集聚模式属于低-低（L-L）集聚区的市域包括凉山、甘孜、阿坝，较 2012 年少了 2 个市域。

综上所述，进入新时代以来，四川省域经济高质量发展的局部时空关联结构超过半数的市域没有发生变化，一共有 14 个，即：成都、德阳、绵阳 3 个市域一直处于高-高（H-H）集聚区；泸州、攀枝花 2 个市域一直处于高-低（H-L）集聚区；遂宁、广元、乐山、广安、内江、自贡 6 个市域始终处于低-高（L-H）集聚区；凉山、甘孜、阿坝 3 个市域始终处于低-低（L-L）集聚区。从地理分布来看，H-H 集聚区主要分布在成都平原经济区，因这些地区区位优势明显，又是改革创新的先导区，空间溢出效应明显。而 L-L 集聚区主要分布在地理环境相对恶劣、人才集聚度相对较低的攀西经济区和川西北生态经济区，其经济高质量发展水平有待提高。市域存在由低值向高值转化特征。高-低（H-L）和低-高（L-H）类型区呈扩大趋势，分别由 2012 年的 4 个和 9 个市域增加到 2020 年的 5 个和 10 个市域；而雅安、巴中在 2020 年摆脱低-低（L-L）集聚格局，进入低-高（L-H）集聚区，实现了弯道超车。这都反映了高值区对低值区的溢出影响慢慢呈现出来。

8.4　本章小结

本章基于四川及其市域 2012—2020 年经济高质量发展水平测度结果，利用空间自相关法、核密度估计法、变异系数法分析其区域差异及动态演进，主要结论如下：

（1）2012—2020 年四川省域经济高质量发展水平综合得分从 2012 年的 0.302 增加到 2020 年的 0.519，2020 年约为 2012 年的 1.7 倍，年均增长 32%，表明在研究期内四川省经济高质量发展的成效显著。各市域经济高质量发展水平均有明显提升。各市域的经济高质量发展水平增长轨迹比较吻合。

（2）反映经济高质量发展水平的 6 个维度中，人民生活幸福维度上升明显且得分最高，生态环境优美维度先缓慢上升后大幅提升。经济增长稳定维度在波动中稍有升。对外开放深化维度稳中有升，区域协调融合维度上升缓慢，创新驱动发展维度整体处于较低水平。

（3）空间分异明显，呈现出以成都平原经济区为核心向外辐射的梯度发展趋势。

（4）全局呈现出空间集聚的阶段性特征，局部空间上形成高低不同类别的集聚模式，存在由低值向高值转化特征。

（5）乐山、眉山、资阳、遂宁、雅安、自贡、内江、广元、南充、广安、巴中、攀枝花、凉山、甘孜、阿坝 15 个市域的经济高质量发展水平较为稳定。成都、绵阳、德阳经济高质量发展水平最稳定。另外泸州、宜宾、达州的经济高质量发展水平波动最大。

（6）经济高质量发展综合指数由"两极分化"向高值区间的"单极化"集聚过渡，低值区间分布密度明显降低。全省经济高质量发展成效逐年稳步提升，区域总体差距有所缩小。全省经济高质量发展迅速，"低水平俱乐部"极化格局逐渐弱化，但区域发展差距逐年拉大。

9 研究结论、政策建议和研究展望

前 8 章在明确选题缘由与构建理论分析脉络基础上，以区域经济高质量发展"内涵逻辑—指标体系—测度与趋势预测—时空分析"为逻辑主线，系统进行了区域经济高质量发展的理论与实证研究。作为整个成果研究的终结，本章将归纳总结本研究的基本结论，并提出对策建议，同时指出研究的局限性及研究展望。

9.1 研究结论

（1）区域经济高质量发展的内涵是在新时代背景下，根据经济效益、社会效益及生态效益最佳结合原则，结合我国发展实际，在习近平新时代中国特色社会主义思想的指导下，坚持以经济增长稳定为基础，以创新驱动发展为核心，以区域协调融合为内在要求，以对外开放深化为重要动力，以生态环境优美为必经之路，最终促进人民生活幸福美满，从而推动中国经济提质增效。

（2）本研究构建的新时代区域经济高质量发展评价体系是基于习近平经济思想的包括经济增长稳定、创新驱动发展、区域协调融合、对外开放深化、生态环境优美、人民生活幸福 6 个维度的新时代区域经济高质量发展测度体系。

（3）四川积极融入国内国际双循环发展新格局，积极融入新时代西部大开发建设，积极融入加快推动成渝地区双城经济圈建设是四川经济高质量发展的外部条件。从内部条件来看，四川省 GDP 总体保持稳步向好态势，但是增长速度后期逐渐变缓；第三产业发展较好，总体呈现"三二一"格局，产业结构总体改善不明显。创新能力发展水平较低，高等教育水平还不高。货物贸易进出口总值持续增长，持续建设开放通道；建立更加有效的区域协调发展机制，绿色发展深入推进，城乡居民人均可支配收入和居民的消费水平、医疗水平等不断提高。

（4）从评价结果来看：①第一类地区有成都和绵阳2个。第二类地区主要有德阳、泸州、宜宾、南充4个。第三类地区有乐山、眉山、资阳、遂宁、达州、自贡、内江、广元、广安、巴中、攀枝花11个。第四类地区有雅安、凉山、甘孜、阿坝4个。②四川省域经济高质量发展水平极不均衡，成都平原经济区的经济高质量发展水平较高，川南经济区的泸州和宜宾经济高质量发展速度较快，而三州地区的经济高质量发展较落后。③四川走出了区域经济高质量发展的"三大经济副中心"的"四川实践模式"，即支持绵阳发挥科技城优势加快建成川北省域经济副中心、支持宜宾—泸州组团建设川南省域经济副中心、支持南充—达州组团培育川东北省域经济副中心。

（5）从预测结果可知，2021—2030年，未来四川省域经济高质量发展的综合指数为0.824，是2012年的2.7倍，经济高质量发展水平整体大幅提升，此乃实现中国"现代化强国"之梦的最重要标志。从分维度指数来看，经济高质量发展的经济增长稳定、创新驱动发展、区域协调融合、对外开放深化、生态环境优美、人民生活幸福6个维度的指数及其综合指数均相应增长。

（6）从时序特征来看：①2012—2020年四川省域经济高质量发展水平综合得分从2012年的0.302增加到2020年的0.519，2020年是2012年的1.7倍，年均增长32%，表明在研究期内四川省经济高质量发展的成效显著。②反映经济高质量发展水平的6个维度中，人民生活幸福维度上升明显且得分最高，生态环境优美维度先缓慢上升后大幅提升。经济增长稳定维度在波动中稍有升。对外开放深化维度稳中有升，区域协调整合维度上升缓慢，创新驱动发展维度整体处于较低水平。③对于整体指数的波动趋势，乐山、眉山、资阳、遂宁、雅安、自贡、内江、广元、南充、广安、巴中、攀枝花、凉山、甘孜、阿坝15个市域的经济高质量发展水平较为稳定。成都、绵阳、德阳的经济高质量发展水平较为稳定。泸州、宜宾、达州的经济高质量发展水平的稳定性有待提高。④核密度估计结果显示，经济高质量发展综合指数由"两极分化"向高值区间的"单极化"集聚过渡，低值区间分布密度明显降低。全省经济高质量发展成效逐年稳步提升，区域总体差距有所缩小。全省经济高质量发展迅速，"低水平俱乐部"极化格局逐渐弱化，但区域发展差距逐年拉大。

（7）空间格局特征为：①从总体空间分异看，四川省域经济高质量发展的空间分异明显，表现出以成都平原经济区为核心向外辐射的梯度发展趋势。这在一定程度上是各类资源禀赋、区域发展政策差异及变动共同作用的结果。②从全局自相关看，2012—2020 年四川省域经济高质量发展全局空间自相关性呈现阶段变化态势。2012—2013 年呈现集聚分布格局特征；2014—2015 年，呈现出随机分布的特征；2016—2020 年呈现集聚分布格局，即具有"扎堆集聚"的趋势。③从局部自相关来看，进入新时代以来，四川省域经济高质量发展的局部时空关联结构超过半数的市域没有发生变化，一共有 14 个。从地理分布来看，H-H 集聚类型主要分布在成都平原经济区。而 L-L 集聚区主要分布在地理环境相对恶劣、人才集聚度相对较低的攀西经济区和川西北生态经济区，其经济高质量发展水平有待提高。H-L（高-低）和 L-H（低-高）类型区呈扩大趋势。

9.2　促进四川省域经济高质量发展的政策建议

9.2.1　基本原则

1. 坚持党对经济社会发展的全面领导

充分发挥各级党委总揽全局、协调各方的领导核心作用，增强"四个意识"，坚定"四个自信"，做到"两个维护"，不忘初心、牢记使命，全面提高党领导经济工作的水平，推动党中央各项决策部署落地落实。纵深推进全面从严治党，锲而不舍落实中央八项规定精神，持续纠治形式主义、官僚主义，切实为基层减负。健全完善监督体系，强化对公权力运行的制约和监督，推进廉洁政府建设，坚定不移惩治腐败，着力营造风清气正的政治生态和良好发展环境。

2. 必须坚持全面推进社会主义现代化四川建设

坚持以全面建设社会主义现代化四川统揽经济社会发展全局，推动全面深化改革、全面依法治省、全面从严治党向纵深发展，确保"四个全面"战略布局在四川落地。始终把发展作为兴省之要，以新发展理念引领高质量发展，统筹推进经济建设、政治建设、文化建设、社会建设、生态文明建设，促进现代化建设各方面相协调，为全面建成社会主义现代化强国不断努力。

3. 必须坚持深化改革

深度融入新发展格局。把实施扩大内需战略同深化供给侧结构性改革有机结合起来，突出改革开放和创新驱动，促进城乡循环、区域循环、产业链供应链循环和内外市场循环，着力建强支撑国内大循环的经济腹地、畅通国内国际双循环的门户枢纽。积极参与和融入"一带一路"建设、长江经济带发展、新时代推进西部大开发形成新格局、黄河流域生态保护和高质量发展等国家重大战略，全面落实《成渝地区双城经济圈建设规划纲要》，深化拓展"一干多支"发展战略，推动区域空间布局整体优化、功能体系整体完善、发展能级整体提升。

4. 必须坚持统筹推进发展、治理和民生

坚持发展是第一要务、人才是第一资源、创新是第一动力，深入推动质量变革、效率变革、动力变革。坚持以发展牵引治理、以治理保障发展，推进治理体系和治理能力现代化。坚持把改善民生作为价值取向，以发展之举增进民生福祉，以治理之效破解民生难题，实现高质量发展、高效能治理和高品质生活相得益彰。

5. 坚持以人民为中心

把促进全体人民共同富裕作为为人民谋幸福的着力点，通过全国人民共同奋斗把"蛋糕"做大做好，通过合理的制度安排把"蛋糕"切好分好。加快补齐发展短板，立足四川发展实际，按照高质量发展的根本要求，围绕基础设施、公共服务、生态环保和社会民生等重点领域，加快补齐发展短板，形成稳增长、扩内需的良好格局，筑牢高质量发展的坚实根基。

6. 坚持系统思维，守住平安发展底线

加强前瞻性思考、全局性谋划、战略性布局、整体性推进。坚持总体国家安全观，增强忧患意识，树立底线思维，不断提升经济竞争能力、市场监管能力、应急管理能力、防灾减灾能力、粮食和能源保障能力，有效应对各类风险挑战，为现代化建设筑牢安全保障。注重防范化解经济领域重大风险挑战，实现经济高质量发展质量、结构、规模、速度、效益、安全相统一。

9.2.2 促进四川省域经济高质量发展战略举措

1. 创新驱动,数字赋能

四川要实现经济高质量发展,关键在于注重科技创新的驱动力,把着力点放在数字化赋能上,释放数字对经济的放大、叠加、倍增效应,以数字化赋能产业发展。坚持创新在现代化建设全局中的核心地位,全面塑造发展新优势。牢牢把握新一代信息技术革命带来的战略机遇,充分发挥数据要素的聚合效应、倍增效应、叠加效应,加快新型数字基础设施全面普及,推动数字经济、数字社会、数字政府迈上新台阶。以数字化激活创新潜能、重构竞争优势,推动四川经济提质增效。

2. 极核带动,轴带支撑

深入实施成渝地区双城经济圈建设战略,推动成都东进与重庆西扩相向发展,发挥成都极核带动作用,促进成渝地区南北两翼协同联动。推进南翼跨越发展,推动北翼振兴发展,以轴带支撑带动全域发展,打造区域经济发展轴和流域经济发展带,加快形成优势区域重点发展、生态功能区重点保护的新格局。

3. "主干"做强,"多支"发展

坚持以成渝地区双城经济圈建设为战略牵引,深化拓展"一干多支"发展战略,构建"一轴两翼三带"区域经济布局,引导重大基础设施、重大生产力和公共资源优化配置,提升全省区域协调发展水平,加快构建高质量发展的动力系统。强化成都主干功能,加快推进成德眉资同城化,促进全省发展主干由成都拓展为成都都市圈。推动环成都经济圈、川南经济区、川东北经济区、攀西经济区和川西北生态示范区协同发展。培育壮大区域中心城市,打造全省经济副中心。

4. 全域开放,扩大内需

实施立体全面开放合作,充分利用国内国际两个市场、两种资源,吸引产业、人口和创新要素流入。积极实施"一带一路"建设、长江经济带发展、新时代推进西部大开发形成新格局、黄河流域生态保护和高质量发展等国家重大战略,打造内陆开放战略高地。坚定实施扩大内需战略,大力培育中等收入群体,全面促进消费,拓展投资空间,使提振消费与扩大投资有效结合、相互促进,形成需求牵引供给、供给创造需求的更高水平动态平衡。

9.2.3 促进四川省域经济高质量发展的具体举措

1. 推进建设现代产业体系

（1）深入实施制造强省战略

聚焦科研技术开发，建设持续为产业转型升级输出技术解决方案的创新载体端，争取重大科技工程建设项目落户，突破引领发展的"卡脖子"关键技术，持续提升创新能级与核心竞争力。培育发展基础工艺中心、工业设计中心，打造高水平产业技术基础公共服务平台；加快推进制造业向数字化网络化智能化转型。推动制造业发展更多依靠数据、信息、技术等新型生产要素，促进数字技术与制造业融合发展，建设制造业大数据服务平台，提升数据采集存储和分析应用能力，积极应用大数据提升企业决策水平和经营效率；打造具有国际竞争力的先进制造业集群，培育产业生态主导型企业，加大垂直一体化整合力度，做强万亿级支柱产业。以智能网联和新能源为主攻方向，建设高水平汽车产业集群。实施开发区"提扩培引"工程，重点支持千亿级园区和特色产业园区建设。

（2）发展壮大战略性新兴产业

深入实施战略性新兴产业集群发展工程，推进"产业园区+创新孵化器+产业基金+产业联盟"一体化发展。加快建设国家战略性新兴产业集群，提升生物医药产业集群发展能级，壮大轨道交通装备产业集群规模，促进节能环保产业集群创新发展；培育产业新增长点。精准实施技术攻关行动，聚力攻克光刻机、高端工业软件等关键核心技术。面向产业技术前沿和新兴市场需求，重点培育人工智能、精准医疗、前沿新材料、核技术应用、高性能机器人、高端航空航天装备、氢能及燃料电池等产业，打造一批新兴产业未来增长引擎。

（3）加快发展现代服务业

加快建设贸易强省，实施商业贸易创新转型发展工程，开展高标准商品市场体系建设行动，打造优势产业交易和服务平台，推动品牌化连锁化智能化发展，大力发展新零售；促进成长型服务业做大做强。大力发展科技信息、商务会展、人力资源、川派餐饮、医疗康养、家庭社区等成长型服务业，促进现代服务业提速增量。做强"中国牙谷""医美之都"，打造西部医疗康养高地。鼓励发展家庭社区服务，提升特色化标准化信息化水平，促进家政服务业提质扩容；提升服务业供给质量，加快服务业标准化进程，创新服务质量治理。持续推进服务业"三百工程"建设，培育壮大市场主体，塑造行业标杆和服务典范，提升服务品牌核心价值。

（4）大力发展现代农业

保障重要农产品有效供给，全面落实粮食安全和"菜篮子工程"责任制。实施高标准农田建设、耕地质量保护与提升工程，明确耕地利用的优先顺序，稳定粮食播种面积。开展优质粮食工程和"天府菜油"行动。加快建设成德眉资都市现代高效特色农业示范区，发展都市农业；建立健全产品价格调控机制，保障市场供应和价格总体平稳。依托区域农业资源禀赋，加快建设优势聚合、产业融合的现代高效特色农业带，打造有竞争力的优势特色产业集群，擦亮四川农业金字招牌。做优盆地外销加工蔬菜、盆周山区高山蔬菜、川南早春蔬菜和攀西冬春喜温蔬菜，打造优质蔬菜产业带。加大雅安、乐山、宜宾、广元和巴中等茶叶主产区低产低效茶园基地改造和品种改良力度，做强川西南名优茶产业带和川东北富硒茶产业带。壮大新型农业经营主体，发展多种形式适度规模经营，提高农业集约化、专业化、组织化水平。做大做强"天府菜油""天府龙芽"等农产品区域公用品牌，建设西部农产品集散交易中心。

2. 强化突出创新引领

（1）优化创新能力布局

按照主体集中、区域集中、资源集中的原则，在天府新区布局建设综合性科学中心，筑牢科技创新中心内核。完善西部（成都）科学城"一核四区"功能布局。成都科学城重点围绕网络安全、空天技术、先进核能等领域，打造原始创新策源地。新经济活力区重点发展人工智能、区块链等新经济新产业，建设国家自主创新示范区，打造全球电子信息产业高端要素汇集区。推动中国（绵阳）科技城突破性发展，争取国家支持国防科研院所企业化改制、军工企业混合所有制改革、军工投资和资产管理改革。加快重点领域关键核心技术突破，建设国家国防科研生产的重要基地和成渝地区双城经济圈的创新高地。实施高技术产业集聚发展工程，提升卫星导航、信息安全、智能装备等重点产业创新能力。推广成德绵全面创新改革试验经验，推动成德眉资一体化创新。支持成都与广安等地采取"双飞地"模式协同创新。加快攀西战略资源创新开发试验区建设，促进钒钛磁铁矿、稀土和碲铋资源综合利用。

（2）打造高能级创新平台

以空间集聚和学科关联为导向，完善"五集群一中心"重大科技基础设施布局，打造世界一流的先进核能、空气动力、生物医学、深地科学、天文观测等重大科技基础设施集群。高标准建设重点实验室体系，依托在川高校、科研院所和骨干企业，大力建设国家和省重点实验室。聚焦空天科技、生命科学、先进核能、电子信息等领域，加快组建天府实验室，积极参与国家实验室建设。推动部省共建国家创新中心，创建精准医学、钒钛新材料等产业创新中心，川藏铁路、高端航空装备等国家技术创新中心，工业云制造、工业信息安全等国家制造业创新中心，突破行业关键共性技术。

（3）提高创新链整体效能

健全政府投入为主、社会多渠道投入机制，加大对基础前沿研究的支持。发挥国家自然科学基金四川创新发展联合基金作用，支持重点领域基础研究和应用基础研究，加快建设四川国家应用数学中心。开展关键核心技术攻关，紧紧围绕经济社会发展重大需求实施重大科技专项，聚焦集成电路与新型显示、工业软件、航空与燃机、钒钛资源、轨道交通、智能装备、生命健康、生物育种等领域，着力突破关键核心技术，研发重大战略性创新产品，提升产业链供应链科技支撑能力。促进科技成果转化，加快建设成德绵国家科技成果转移转化示范区，大力引进和培育技术转移示范机构和示范企业。依托国家技术转移西南中心，建设成渝地区一体化技术交易市场。

（4）优化政策环境

完善科技创新体制机制，深化科技项目和经费管理改革，扩大科研单位和领军科技人才自主权，开展科研经费"包干制"试点，实行重大科研项目"揭榜挂帅"制度。建设西部创新人才高地，深化人才发展体制机制改革，创新人才培养、发现、引进、使用和评价、流动、激励机制，充分依靠市场机制，发挥用人单位主体作用，激发人才创新创造活力。加强知识产权保护运用，深化引领型知识产权强省建设，加强知识产权创造、保护、运用、管理和服务。健全支持创新的金融政策，推进科技与金融深度融合，通过天使投资、风险投资、创业投资、科技信贷、科技保险等方式，提升科技创新融资能力。营造支持创新创业创造的良好生态，增强创新创业公共服务平台能力，拓展众创空间市场化、专业化服务功能，建设

"孵化+创投""孵化器+商业空间""互联网+"等新型创新创业孵化器。

3. 全力打造内陆开放战略高地

（1）加快形成全域开放格局

突出南向，深度融入东南亚南亚国际市场。深化与北部湾经济区、渝滇黔协作，合力建设西部陆海新通道，全面对接21世纪海上丝绸之路和中国—中南半岛、孟中印缅经济走廊。深度对接粤港澳大湾区，拓展泛珠三角区域合作，完善川港川澳合作会议机制，共同开拓南向国际市场。深化西向，加快融入新亚欧大陆桥经济走廊。加强与西北地区联动，强化西向"空中走廊"和中欧班列（成都）战略支撑。积极融入中国—欧盟、中国—中东欧合作机制。提升东向，全面融入长江经济带发展。依托长江黄金水道和沿江铁路，构建通江达海、首尾互动的东向国际开放大通道，主动对接长三角一体化发展，积极融入亚太经济圈。提升川渝合作层次和水平，共同打造内陆开放高地和开发开放枢纽，引领带动西部地区更高水平开放。扩大北向，积极融入中蒙俄经济走廊。加强与关中平原、华北、东北地区交流合作，积极参与中蒙俄经济走廊建设。

（2）打造高能级对外开放平台

高质量建设中国（四川）自由贸易试验区。深入实施自由贸易试验区引领性工程，统筹推进双向投资管理、贸易便利化、金融开放创新、区域协同开放、现代政府治理等制度体系创新。着力提升开放口岸能级。推进机场、铁路和港口口岸开放，建设内陆口岸高地。提升成都双流国际机场口岸能级，加快建设成都天府国际机场、九寨黄龙机场航空口岸，争取在符合条件的地区布局更多航空口岸。务实建设国际（地区）合作园区。提升成都中法生态园、中德（蒲江）中小企业合作区、中意文化创新产业园、中韩创新创业园、新川创新科技园国际合作水平。打造国际合作园区建设样板。打造一流国际交往平台，高水平建设中国—欧洲中心，打造中国与欧洲开展投资贸易和科技合作的重要平台。扩大西博会影响力，搭建西部地区参与共建"一带一路"深化同世界各国交流合作重要平台。

（3）强化对"一带一路"建设的战略支撑

支持成都建设国际门户枢纽城市，打造全球性航空枢纽、洲际航空中转中心和货运中心，建设中欧班列集结中心、西部陆海新通道区域物流组织中心；推进中欧班列高质量发展，扩大成都国际铁路港多平台集成优势，加快形成经新疆、内蒙古、云南及北部湾港、长三角"多通道跨境、多口岸过境"的国际班列大通道；深化与沿线国家交流合作，开展"一带一路"金融服务，打造综合信息、贸易结算、跨境投融资服务和汇率风险管理平台。推进绿色丝绸之路建设，支持企业在沿线国家开展绿色工程、绿色投资、绿色贸易；培育外贸发展新动能，鼓励加工贸易向产业链两端延伸，支持发展保税维修、再制造、检测等业务。大力发展一般贸易，鼓励自主品牌产品和高新技术高附加值产品出口等。

4. 着力推进美丽四川建设

生态文明建设进入以降碳为重点战略方向、推动减污降碳协同增效、促进经济社会发展全面绿色转型、实现生态环境质量改善由量变到质变的关键时期，必须牢固树立和践行"绿水青山就是金山银山"的理念，站在人与自然和谐共生的高度谋划发展。

（1）加强自然生态保护修复

全面构建"四区八带多点"生态安全战略格局。加强川滇森林及生物多样性、若尔盖草原湿地、秦巴生物多样性、大小凉山水土保持和生物多样性4大重点生态功能区建设，保护修复森林、草原和湿地等自然生态系统；高质量建设大熊猫国家公园，加快创建若尔盖国家公园。加强山水林田湖草系统治理，统筹实施青藏高原生态屏障区生态保护和修复、长江重点生态区（含川滇生态屏障）生态保护和修复、自然保护地建设及野生动植物保护、生态保护和修复支撑体系建设等国家重大生态工程，科学推进荒漠化、石漠化、水土流失综合治理，有效保护修复自然生态系统。推进历史遗留废弃矿山生态修复；健全自然保护地体系。全面落实《沱江绿色发展经济带建设总体方案》。全面建设大熊猫国家公园，推动建设若尔盖国家公园，加强各级自然保护区规范管理。

（2）深入打好污染防治攻坚战

构建"源头严防、过程严管、末端严治"大气污染闭环治理体系。加强细颗粒物和臭氧协同控制、多污染物协同减排，推进"散乱污"企业整治，严控工业源、移动源、面源排放。推进重点行业挥发性有机物综合治理，加快非道路移动机械污染防治和道路堆场扬尘治理。整治秸秆露天焚烧；深化流域环境综合整治。强化河（湖）长制，划定河湖管理范围，加强涉水空间管控，建立水环境管理控制单元体系，推进湖库水环境综合整治和流域岸线保护。巩固提升岷江、沱江等重点流域水质。加强赤水河等省际跨界河流、川西北黄河流域综合治理。加强优良水体和饮用水水源地保护和管理，建立地下水环境监测体系。深入推进长江经济带生态环境突出问题整改；强化土壤环境风险管控。开展耕地土壤和农产品协同监测与评价，完善农用地分类管理。

（3）加快生产生活绿色低碳转型

坚持降碳、减污、扩绿、增长协同推进，深入实施碳达峰行动。深入推动绿色制造示范单位创建，推行绿色设计，构建绿色制造体系；促进资源节约集约循环利用，完善能源、水资源消耗和建设用地总量与强度"双控"制度，加快建立节能型工业体系、交通网络和建筑模式。创新土地矿产要素供给，健全低效利用土地退出机制，加强工业"三废"、余热余压和农业废弃物资源综合利用；开展绿色生活示范创建，实施绿色家庭、绿色学校、绿色社区、绿色商场、绿色建筑创建行动，开展节约型机关和公共机构示范单位创建；有序推进 2030 年前碳排放达峰行动，降低碳排放强度，推进清洁能源替代，加强非二氧化碳温室气体管控。

（4）健全生态环境治理体制机制

实行最严格的生态环境保护制度，建立健全环境治理的领导责任体系、企业责任体系和全民行动体系。完善省负总责、市县抓落实的环境治理工作机制，明确各级政府支出责任，加强生态环境保护督察考核，落实责任终身追究制；建立健全"污染者付费+第三方治理"机制，引导社会资本参与环境治理，积极推行第三方治理一体化服务模式。建立排污企业"黑名单""白名单"制度，实行差别化环境监管。完善"三线一单"生态环境分区管控体系，实施长江经济带发展负面清单管理。加强法律监督，主要通过科学立法以及严格规范完善的法律法规体系来实现四川绿色发展，通过加强四川省主要生态江河的生态保护和修复，确保《水污染防治计划》《土壤染防治行动计划》等法规进一步在实践中贯彻落实，在全社会树立可持续发展的生态文明观。

5. 持续优化，增进民生福祉

（1）大力促进就业创业

实施就业优先战略，统筹做好重点群体就业工作，积极落实援企稳岗政策，支持企业稳定和增加就业岗位。健全就业指标体系和监测体系，建立规模裁员和失业风险预警机制，有效防范系统性、规模性失业风险。统筹推进重点群体就业。推进农民工服务保障战略性工程，完善农民工基础信息数据库，强化农民工服务平台功能，加强用工供需统筹，完善返乡入乡创业支持政策。拓展公共就业服务平台信息化功能，推进公共就业服务标准化、智慧化、便民化。完善人力资源市场，建设一批人力资源服务产业园，实现职业介绍、职业指导、技能培训、就业援助等一站式服务。健全终身职业技能培训制度，大力发展技工教育，加快公共实训基地建设，全面推行新型学徒制。

（2）推进健康四川建设

深化医药卫生体制改革，健全完善基本医疗卫生制度。加快建设分级诊疗体系，优化医疗资源区域布局，推进医疗联合体建设，强化家庭医生签约服务。加强公立医院建设和管理考核，完善医疗服务价格等政策；完善公共卫生防控救治体系。推进疾病预防控制机构建设达标和能力提升，加强省级生物安全三级实验室和市县生物安全二级实验室建设，提升检验检测能力，加强乡镇、社区"哨点"医院公共卫生和传染病防控能力建设。完善精神卫生服务体系；提升医疗卫生服务水平。争创国家医学中心和区域医疗中心试点，加强医学高层次人才培养和引进；加快建设体育强省。完善全民健身公共服务体系，加强城乡全民健身设施建设，推动体育场馆设施免费或低收费开放，打造"15分钟健身圈"。建立爱国卫生工作长效机制，推动从环境卫生治理向全面社会健康管理转变。强化健康促进和健康教育，倡导文明健康生活方式。

（3）健全多层次社会保障体系

深入实施全民参保计划。推进灵活就业人员、新业态从业人员参加社会保障。构建基本养老保险、职业（企业）年金与个人储蓄性养老保险、商业保险相衔接的养老保险体系。深化机关事业单位养老保险制度改革；优化社会救助和慈善制度。健全分层分类、城乡统筹的新型社会救助体系，加强基本生活救助与专项救助、急难救助相衔接。完善最低生活保障制度，落实特困人员救助供养和临时救助政策，实现应保尽保、应救尽救；健全住房保障体系。建立健全租购并举的住房保障制度，实现城镇低保低收入住房困难家庭应保尽保，解决新市民为主的常住人口阶段性住房困难，因地制宜发展共有产权住房，稳妥推进棚户区改造。

（4）积极应对人口老龄化

随着四川省老龄、高龄、失能/半失能老年人口规模扩张，以及家庭小型化、代际简化等趋势发展，家庭资源将难以满足老年人日常照料、精神慰藉、康复照护等多方面需求，家庭赡养压力剧增。为此，应完善产假、生育保险、生育津贴等政策措施，降低生育、养育、教育成本，引导全省生育水平提升并稳定在适度区间；完善养老服务体系。实施养老服务"七大工程"，建立居家社区机构相协调、医养康养相结合的养老服务体系。发展普惠性养老服务和互助性养老，加强社区养老服务综合体建设，建立家庭"喘息服务"机制。推动公共基础设施和公共场所适老化改造，健全老年人优待制度。广泛开展老年教育、文化、体育活动，丰富老年人精神文化生活，推动解决老年人智能技术应用困难，充分调动老年人社会参与积极性。

9.3　研究不足与展望

本书以习近平经济思想为指引构建了适应新发展阶段要求的经济高质量发展评价指标体系，并对四川省域经济高质量发展水平进行了评价。总体而言，虽然笔者进行了深入研究，但仍存在很多问题与不足。一是关于新时代区域经济高质量发展的评估指标体系，有待进一步健全。本书所建立的评价指标并不能够全部体现经济高质量发展水平，也无法全面涵盖经济高质量发展的具体问题。因此，在未来研究中，需要掌握新发展阶段关于经济高质量发展的内涵、构建经济高质量发展评价体系和评价方法，及时调整和完善更加全面反映新时代经济高质量发展的指标评价体系，从而为政策制定和实施提供方向。二是关于区域经济高质量发展变动趋势，有待进一步分析预测。在未来研究中，为了更有利于认清四川经济高质量发展的动态规律，需加强对四川省 21 个市州经济高质量发展变动情况的预测研究。三是有关区域经济高质量发展的典型案例，有待进一步挖掘。随着向第二个"一百年"奋斗目标迈近，深化试点区域经济高质量发展典型案例挖掘，对经济高质量发展的进一步研究将具有重要的实践价值。四是关于本研究中选取的研究对象，有待进一步缩小。本研究主要以四川省 21 个地级市州为研究对象，不能洞察更小空间单元比如县域经济的经济高质量发展规律，无法形成省域和市域的横向比较。因此，在以后的研究中，有必要将研究的尺度进一步细化，从而为我们更加深入地理解和掌握区域经济高质量发展的地区差异性奠定基础。

参考文献

安虎森，2005. 空间经济学原理 [M]. 北京：经济科学出版社.

曹洪军，张绍辉，2022. 创新对经济高质量发展的影响机制与地区异质性分析 [J]. 山东社会科学 (3)：26-33.

陈贵富，蒋娟，2021. 中国省际经济发展质量评价体系及影响因素研究 [J]. 河北学刊，41 (1)：148-157.

陈玲，段尧清，钱文海，2021. 基于变异系数法的政府开放数据利用行为耦合协调性研究 [J]. 信息资源管理学报，11 (2)：109-118.

陈向军，董伟，龚雪萍，等，2022. 武汉会展业创新能力评价指标体系构建 [J]. 商业经济研究 (1)：175-177.

程翔，杨小娟，张峰，2020. 区域经济高质量发展与科技金融政策的协调度研究 [J]. 中国软科学 (S1)：115-124.

邓小平，1994. 邓小平文选 [M]. 北京：人民出版社.

杜爱国，2018. 中国经济高质量发展的制度逻辑与前景展望 [J]. 学习与实践 (7)：5-13.

杜宇，黄成，吴传清，2020. 长江经济带工业高质量发展指数的时空格局演变 [J]. 经济地理，40 (8)：96-103.

段光鹏，王向明，2022. 建设现代化经济体系：战略价值、基本构成与推进方略 [J]. 改革 (3)：55-65.

段勇，周子杭，2018. 新时代中国经济的嬗变：从高速增长到高质量发展 [J] 江西理工大学学报，2018，39 (2)：7-11.

方晓萍，廖晓玲，邓又军，2022. 我国省际高质量发展水平测度 [J]. 统计与决策，38 (5)：111-115.

冯彩丽，2019. 河北省县域经济高质量发展评价研究 [D]. 石家庄：河北科技大学.

冯梅, 郭红霞, 2021. 基于新发展理念的北京经济高质量发展评价 [J].
城市问题 (7): 45-56.

高鸿业, 2021. 西方经济学 [M]. 8 版. 北京: 中国人民大学出版社.

高培勇, 杜创, 刘霞辉, 等, 2019. 高质量发展背景下的现代化经济体系
建设: 一个逻辑框架 [J]. 经济研究 (4): 4-16.

高志刚, 克魁, 2020. 中国沿边省区经济高质量发展水平比较研究 [J]. 经
济纵横 (2): 23-35.

耿松涛, 杨晶晶, 严荣, 2020. 自贸区 (港) 建设背景下海南会展业发展
评价及政策选择 [J]. 经济地理, 40 (11): 140-148.

管永林, 周宏春, 马光文, 2020. 中国经济绿色发展综合评价研究 [J].
生态经济, 36 (12): 40-49.

郭周明, 张晓磊, 2019. 高质量开放型经济发展的内涵与关键任务 [J].
改革 (1): 43-53.

何菊莲, 陈郡, 梅烨, 2021. 基于经济高质量发展理念的我国高等教育人
力资本水平测评 [J]. 教育与经济, 37 (6): 44-52.

何晓群, 2004. 多元统计分析 [M]. 北京: 中国人民大学出版社.

何兴邦, 2018. 环境规制与中国经济增长质量: 基于省际面板数据的实证
分析 [J]. 当代经济研究, 40 (2): 1-10.

何兴邦, 2019. 创业质量与中国经济增长质量: 基于省际面板数据的实证
分析 [J]. 统计与信息论坛, 34 (12): 84-93.

洪银兴, 2019. 改革开放以来发展理念和相应的经济发展理论的演进 [J].
经济学动态 (8): 10-20.

胡锦涛, 2007. 高举中国特色社会主义伟大旗帜 为夺取全面建设小康社会
新胜利而奋斗 [M]. 北京: 人民出版社.

胡锦涛, 2016. 胡锦涛文选: 第 1 卷 [M]. 北京: 人民出版社.

胡敏, 2021. 高质量发展要有高质量考评 [N]. 中国经济时报, 2021-01-
18 (5).

胡守勇, 2017. 共享发展理念的理论溯源与演进历程 [J]. 马克思主义研
究 (2): 21-28.

黄敏, 任栋, 2019. 以人民为中心的高质量发展指标体系构建与测算 [J].
统计与信息论坛, 34 (10): 36-42.

黄萍宣，昌勇，2021. 金融集聚、空间溢出与经济高质量发展 [J]. 江苏大学学报（社会科学版），23（6）：49-65.

吉尔平，2006. 全球政治经济学：解读国际经济秩序 [M]. 杨宇光，杨炯，译. 上海：上海人民出版社，2006.

焦勇，2021. 中国数字经济高质量发展的地区差异及动态演进 [J]. 经济体制改革（6）：36-41.

李碧珍，吴芃梅，杨少雄，2019. 新时代中国经济高质量发展的知识图谱研究：基于 CiteSpace 的可视化分析 [J]. 东南学术（5）：181-190.

李金昌，史龙梅，徐蔼婷，2019. 高质量发展评价指标体系探讨 [J]. 统计研究，36（1）：4-14.

李静萍，2015. 多元统计分析：原理与基于 SPSS 的应用 [M]. 2 版. 北京：中国人民大学出版社.

李静萍，谢邦昌，2008. 多元统计分析方法与应用 [M]. 北京：中国人民大学出版社.

李坤，2019. 中国经济高质量发展水平测度研究 [D]. 武汉：中南财经政法大学.

李黎明，谢子春，梁毅劼，2019. 创新驱动发展评价指标体系研究 [J]. 科技管理研究（5）：59-69.

李淑萍，2020. 西藏区域创新环境评价指标体系构建与实证研究 [J]. 西藏民族大学学报（哲学社会科学版），41（3）：128-134.

李胭胭，鲁丰先，2016. 河南省经济增长质量的时空格局 [J]. 经济地理（3）：41-47.

李志强，2021. 基于收入差距视角的经济高质量发展内涵研究 [J]. 生产力研究（10）：8-12，55，161.

林超辉，杨坚伟，陈辉，等，2020. 地方高校科技成果转化发展性绩效评价研究：基于变异系数法与 VIKOR 法对 12 所高校的分析 [J]. 中国高校科技（8）：86-89.

林毅夫，任若恩，2006. 关于东亚经济增长模式的再讨论 [J]. 北大中国经济研究中心讨论稿系列（7）.

刘建明，颜学明，2021. 广东科技创新能力监测指标体系设计与实证研究 [J]. 科技管理研究，41（24）：60-66.

刘明广，2017. 中国省域绿色发展水平测量与空间演化 [J]. 华南师范大学学报（社会科学版）（3）：37-44.

刘笑男，李博，2021. 国家信息中心城市的测度评价及比较分析 [J]. 河南社会科学，29（11）：84-93.

刘银，2014. 中国区域经济协调发展制度研究 [D]. 长春：吉林大学：17.

刘雨婧，唐健雄，2022. 中国旅游业高质量发展水平测度及时空演化特征 [J]. 统计与决策，38（5）：91-96.

鲁亚运，原峰，李杏筠，2019. 我国海洋经济高质量发展评价指标体系构建及应用研究：基于五大发展理念的视角 [J]. 企业经济，38（12）：122-130.

吕鹏，2019. 中国经济高质量发展测度评价研究 [D]. 昆明：云南大学.

马成文，洪宇，2019. 我国区域居民美好生活水平评价研究 [J]. 江淮论坛（3）：148-152.

马德里克，2003. 经济为什么增长 [M]. 北京：中信出版社.

马克思，1936. 资本论：第 1 卷 [M]. 北京：世界名著译文社.

马克思，恩格斯，1979. 马克思恩格斯全集：第 46 卷上 [M]. 北京：人民出版社.

马克思，恩格斯，1995. 马克思恩格斯选集：第 3 卷 [M]. 北京：人民出版社.

马晓冬，胡颖，黄彪，2022. 江苏省乡村绿色发展的时空特征及影响因素 [J]. 经济地理，42（4）：159-167.

马志帅，许建，2019. 安徽省绿色发展水平评价体系初步研究 [J]. 安徽农业大学学报（2）：300-306.

毛泽东，1999. 毛泽东文集：第 7 卷 [M]. 北京：人民出版社.

宁宣熙，刘思峰，2009. 管理预测与决策方法 [M]. 北京：科学出版社，113-145.

牛文元，2012. 中国可持续发展的理论与实践 [J]. 中国科学学院院刊，（3）：280-289.

乔彦强，2018. 深刻理解高质量发展内涵，努力走在高质量发展前列 [N]. 平顶山日报，2018-10-10（6）.

屈小娥，马黄龙，王晓芳，2022. 省域经济高质量发展水平综合评价 [J]. 统计与决策，38（16）：98-103.

人民日报评论员，2017. 坚持习近平新时代中国特色社会主义经济思想：

论贯彻落实中央经济工作会议精神 [N]. 人民日报，2017-12-22 (1).

任保平，2018. 新时代高质量发展的政治经济学理论逻辑及其现实性 [J]. 人文杂志 (2)：26-34.

盛世豪，2019. 深刻理解高质量发展内涵 [J]. 浙江日报，2019-01-02 (7).

师博，2018. 论现代化经济体系的构建对我国经济高质量发展的助推作用 [J] 陕西师范大学学报（哲学社会科学版），47 (3)：126-132.

史习习，杨力，2021. 黄河流域 2008—2018 年可持续发展评价与系统协调发展分析 [J]. 水土保持通报，41 (4)：260-267.

世界环境与发展委员会，1997. 我们共同的未来 [M]. 长春：吉林人民出版社.

四川省国民经济和社会发展第十四个五年规划和二〇三五年远景目标纲要 [EB/OL]. (2021-06-17) [2022-08-08]. https://www.ndrc.gov.cn/fggz/fzzlgh/dffzgh/202106/P020210617664479874617.pdf.

孙久文，2018. 论新时代区域协调发展战略的发展与创新 [J]. 国家行政学院学报 (4)：109-114.

孙学涛，张广胜，2020. 技术进步偏向对城市经济高质量发展的影响：基于结构红利的视角 [J]. 管理学刊，33 (6)：36-47.

孙钰，梁一灿，齐艳芬，等，2021. 京津冀城市群生态效率的时序演进与空间分布特征 [J]，生态经济，37 (12)：74-82.

唐娟，秦放，鸣唐莎，2020. 中国经济高质量发展水平测度与差异分析 [J]. 统计与决策 (15)：5-8.

唐任伍，2016. 五大发展理念塑造未来中国 [J]. 红旗文稿 (1)：14-17.

田相辉，张秀生，2013. 空间外部性的识别问题 [J]. 统计研究 (9)：94-100.

万广华，吕嘉滢，2021. 中国高质量发展：基于人民幸福感的指标体系构建及测度 [J]. 江苏社会科学 (1)：52-61.

万斯斯，李世杰，张明空，等，2021. 河南省城市生态效率时空演变及影响因素 [J]. 地域研究与开发，40 (6)：51-56.

王国力，房娟，2021. 山东省经济高质量发展水平测度及驱动机制分析 [J]. 开发研究 (6)：34-42.

王佳宁，罗重谱，2017. 新时代中国区域协调发展战略论纲 [J]. 改革

（12）：52-67.

王晶晶，焦勇，江三良，2021. 中国八大综合经济区技术进步方向的区域
差异与动态演进：1978—2017 [J]. 数量经济技术经济研究，38（4）：
3-21.

王珂，郭晓曦，李梅香，2022. 网络购物与物流发展耦合协调测算及趋势
预测 [J]. 统计与决策，38（11）：74-78.

王蔷，丁延武，郭晓鸣，2020. 我国县域经济高质量发展的指标体系构建
[J]. 软科学（10）：1-9.

王青，刘亚男，2022. 长三角六大都市圈经济高质量发展的区域差距及动
态演进 [J]. 南通大学学报（社会科学版），38（3）：39-49.

王文举，姚益家，2021. 北京经济高质量发展指标体系及测度研究 [J].
经济与管理研究，42（6）：15-25.

王晓原，李军，2005. 灰色 GM（1，1）模型在区域物流规模预测中的应用
[J]. 武汉理工大学学报（交通科学与工程版），29（3）：415-417.

王学民，2004. 应用多元统计分析 [M]. 2 版. 上海：上海财经大学出
版社.

王学义，曾永明，2013. 中国川西地区人口分布与地形因子的空间分析
[J]. 中国人口科学（3）：85-93.

王永昌，尹江燕，2019. 论经济高质量发展的基本内涵及趋向 [J]. 浙江
学刊（1）：91-95.

魏敏，李书昊，2018. 新时代中国经济高质量发展水平的测度研究 [J].
数量经济技术经济研究（11）：3-20.

魏敏，李书昊. 新常态下中国经济增长质量的评价体系构建与测度 [J].
经济学家，2018（4）：19-26.

翁钢民，唐亦博，潘越，等，2021. 京津冀旅游—生态—城镇化耦合协调
的时空演进与空间差异 [J]. 经济地理，41（12）：196-204.

乌兰，吴全，敖登高娃，等，2022. 凉城县国土空间资源环境承载力评价
研究 [J]. 干旱区资源与环境，36（7）：100-107.

吴少华，李语佳，2021. 基于主成分分析的西部地区城市竞争力评价研究
[J]. 经济问题（11）：115-120.

习近平，2017. 习近平谈治国理政：第 2 卷 [M]. 北京：人民出版社.

习近平，2021. 扎实推进共同富裕 [J]. 求是（20）：1-5.

夏锦文，吴先满，吕永刚，等，2018. 江苏经济高质量发展"拐点"：内涵、态势及对策［J］. 现代经济探讨（5）：26-31.

谢永琴，武小英，宋月姣，2022. 长江经济带对外开放度时空演化特征及影响因素［J］. 统计与决策，38（8）：123-128.

熊德平，2009. 农村金融与农村经济协调发展研究［M］. 北京：社会科学文献出版社：43-44.

熊升银，2021. 成渝地区双城经济圈高质量发展内涵与评价指标体系研究［J］. 攀枝花学院学报，38（4）：67-72.

徐胜，高科，2022. 中国海洋中心城市高质量发展水平测度研究［J］. 中国海洋大学学报（社会科学版）（3）：2-19.

徐银良，王慧艳，2020. 基于"五大发展理念"的区域高质量发展指标体系构建与实证［J］. 统计与决策，36（14）：98-102.

杨慧芳，张合林，2022. 黄河流域生态保护与经济高质量发展耦合协调关系评价［J］. 统计与决策，38（11）：114-119.

杨桐彬，朱英明，姚启峰，2022. 中国城市群经济韧性的地区差异、分布动态与空间收敛［J］. 统计与信息论坛，37（7）：45-60.

杨晓军，许嘉俊，2020. 中国城市雾霾污染的区域差异与收敛性分析［J］. 城市问题（12）：34-45.

杨耀武，张平，2021. 中国经济高质量发展的逻辑、测度与治理［J］. 经济研究，56（1）.

杨志安，邱国庆，2019. 财政分权与中国经济高质量发展关系：基于地区发展与民生指数视角［J］. 财政研究（8）：27-36.

叶初升，李慧，2015. 增长质量是经济新常态的新向度［J］. 新疆师范大学学报（哲学社会科学版）（4）：8-13.

佚名，2020. 坚定不移贯彻创新协调绿色开放共享的新发展理念［N］. 光明日报，2020-11-02.

佚名，2020. 中共十九届五中全会在京举行［N］. 人民日报，2020-10-30.

佚名，2020. 中共中央政治局召开会议 决定召开十九届五中全会 分析研究当前经济形势和经济工作 中共中央总书记习近平主持会议［J］. 党建（8）：4.

尹海丹，2020. 粤港澳大湾区城市经济高质量发展评价与对策［J］. 中国经贸导刊（中）（2）：6-9.

游韵，罗胤晨，文传浩，2022. 产业生态化视角下区域协调发展评价研究：以重庆市为例 [J]. 科技和产业 (10)：250-258.

于洋，李檀，2021. 粤港澳大湾区对外开放影响力的时空演变特征 [J]. 税务与经济 (5)：83-90.

张超，钟昌标，蒋天颖，等，2020. 我国区域协调发展时空分异及其影响因素 [J]. 经济地理，40 (9)：15-26.

张建伟，蒲柯竹，图登克珠，2021. 中国农业经济高质量发展指标体系构建与测度 [J] 统计与决策，37 (22)：89-92.

张杰，2022. 区域经济、科技创新与物流产业耦合协调发展研究 [D]. 天津：天津理工大学.

张立群，2020. 新发展阶段要坚持不懈推动高质量发展 [J]. 人民论坛·学术前沿 (24)：52-55.

张明斗，李玥，2022. 长江经济带城市经济高质量发展的时空演变与收敛性 [J]. 华东经济管理，36 (3)：24-34.

张侠，许启发，2021. 新时代中国省域经济高质量发展测度分析 [J]. 经济问题 (3)：16-25.

张长星，2019. 推动河南经济高质量发展的对策研究 [J]. 区域经济评论 (3)：73-83.

张震，徐佳慧，高琦，等，2022. 黄河流域经济高质量发展水平差异分析 [J]. 科学管理研究，40 (1)：100-109.

张志强，孙成权，1999. 可持续发展研究：进展与趋向 [J]. 地球科学进展，14 (6)：589-595.

赵大全，2018. 实现经济高质量发展的思考与建议 [J]，经济研究参考 (1)：7-9，48.

赵汇，代贤萍，2016. 共享发展的理论基础、实践追求和价值旨归 [J]. 思想教育研究 (11)：24-28.

赵剑波，史丹，邓洲，2019. 高质量发展的内涵研究 [J]. 经济与管理研究，40 (11)：15-31.

郑涛，孙斌栋，王艺晓，2022. 区域一体化视角下的弹性城市评价：以长江三角洲地区为例 [J]. 地理科学 (6)：11-21.

中共中央关于制定国民经济和社会发展第十四个五年规划和二〇三五年远景目标的建议 [EB/OL]. (2020-11-03) [2022-08-08]. http://www.

gov.cn/zhengce/2020–11/03/content_5556991.htm.

中共中央国务院关于加快推进生态文明建设的意见［EB／OL］．（2015–05–05）［2022–10–10］．http：//www.gov.cn/xinwen/2015–05/05/content2857363.htm.

中共中央马克思恩格斯列宁斯大林著作编译局，2009．马克思恩格斯文集：第1卷［M］．北京：人民出版社．

中共中央文献编辑委员会，2006．江泽民文选［M］．北京：人民出版社．

中共中央文献研究室，2017．习近平关于社会主义经济建设论述摘编［M］．北京：中央文献出版社．

中共中央文献研究室，2017．习近平关于社会主义经济建设论述摘编［M］．北京：中央文献出版社．

钟诗韵，徐晔，谭利，2022．双轮创新驱动对我国产业结构升级的影响［J］．管理学刊，35（1）：70–85．

钟兴菊，龙少波，2016．环境影响的IPAT模型再认识［J］．中国人口·资源与环境，26（3）：61–68．

周超，黄乐，2021．数字普惠金融对区域经济高质量发展的影响研究［J］．价格理论与实践（9）：168–172．

周振华，2018．经济高质量发展的新型结构［J］．上海经济研究（9）：31–34．

朱玮玮，2022．中国城市金融竞争力的统计测度与比较［J］．技术经济与管理研究（4）：67–72．

邹一南，韩保江，2021．中国经济协调发展评价指数研究［J］．行政管理改革（10）：65–74．

邹颖，2019．区域协调发展评价指标体系及测度方法研究［J］．商讯（27）：113–134．

邹颖，2020．重庆市高质量发展评价指标体系构建及应用研究［D］．重庆：重庆工商大学．

ANSELIN L, 1998. Exploratory spatial data analysis in a geocomputational environment［R］. New York：Wiley.

BOLCÁROVÁ P, KOLOŠTA S, 2015. Assessment of sustainable development in the EU 27 using aggregated SD index［J］. Ecological indicators, 48：699–705.

COMMONER B, 1971. The closing circle: nature, man and technology [M]. New York: Random House Inc.

CUTTER S L, BORUFF B J, SHIRLEY W L, 2003. Social vulnerability to environmental hazards [J]. Social science quarterly, 84 (2): 242-261.

DALY H E, COBB J B, 1989. For the common good: redirecting the economy toward community, the environment and a sustainable future [M]. Boston: Beacon Press.

EASTERLIN R A, 1974. Does economic growth improve the human lot? Some empirical evidence [C] // DAVID P A, REDER M W. Nations and households in economic growth. New York: Academic Press: 89 -125.

EHRLICH P R, HOLDREN J P, 1971. Impact of population growth [J]. Science, 171 (3): 1212-1717.

FRIEDMANN J, 1966. Regional development policy: a case study of Venezuela [J]. Urban studies, 4 (3): 309-311.

FRITZ M, KOCH M, 2016. Economic development and prosperity patterns around the world: structural challenges for a global steady-state economy [J]. Global environmental change, 38: 41-48.

GHEORGHE Z, ZIZI G, 2014. A new classification of Romanian counties based on a composite index of economic development [J]. Annals of the University of Oradea Economic Science, 23 (1): 217-225.

GRIES T, NAUDE W, 2010. Entrepreneurship and structural economic transformation [J]. Small business economics, 34 (1): 13-29.

HIRSCHMAN A O, 1958. The strategy of economic development [M]. New Haven: Yale University Press: 45-47.

LAU L S, CHOONG C K, ENG Y K, 2014. Carbon dioxide emission, institutional quality, and economic growth: empirical evidence in Malaysia [J]. Renewable energy: 68 (C): 276-281.

LEWIS W A, 1954. Economic development with unlimited supplies of labour [J]. The Manchester School, 22 (2): 139-191.

LI M, 2012. Structural change and productivity growth in Chinese manufacturing [J]. International journal of intelligent technologies and applied statistics, 5 (3): 281-306.

MARTIN J A R, MOLINA M D M H, FERNÁNDEZ J A S, 2012. An index of social and economic development in the community's objective-1 regions of countries in Southern Europe [J]. European planning studies, 20 (6): 1059–1074.

MLACHILA M, TAPSOBA R, TAPSOBA S J A, 2014. A quality of growth index for developing countries: a proposal [J]. Social indicators research, 14 (172): 1–36.

PARZEN E, 1962. On estimation of a probability density function and mode [J]. Annals of mathematical statistics, 33 (3): 1065–1076.

PERROUX F, 1955. A note on the notion of growth pole [J]. Applied economy, 1 (2): 307 –320.

PORTER J R, PURSER C W, 2008. Measuring relative sub-national human development: an application of the United Nation's human development index using geographic information systems [J]. Journal of economic & social measurement, 33 (4): 253–269.

ROSENBLATT M, 1956. Remarks on some nonparametric estimates of a density function [J]. Annals of mathematical statistics, 27 (3): 832–837.

ROSTOW W W, 1960. The stages of economic growth [M]. Cambridge: Cambridge University Press.

STEFAN G, 2012. Considerations on the theory of economic growth and development [J]. Social and behavioral sciences, 62: 280–284.

SWAN T W, 1956. Economic growth and capital accumulation [J]. Economic record, 32 (2): 334–361.

UNCSD, 1996. Indicators of sustainable development: framework and methodologies [R]. New York: United Nations.

United Nations, 2017. Sustainable development goals report 2017 [R]. New York: United Nations.

WILLIAMSON J G, 1965. Regional inequality and the process of national development: a description of the patterns [J]. Economic development and cultural change, 13 (4): 1–84.